Barbara Mettler-v.Meibom • Gelebte Wertschätzung

Barbara Mettler-v.Meibom

Gelebte **Wertschätzung**

Eine Haltung wird lebendig

Kösel

Ein Glossar mit Begriffserklärungen findet sich ab Seite 201.

Verlagsgruppe Random House FSC-DEU-0100
Das für dieses Buch verwendete FSC-zertifizierte Papier *EOS* liefert Salzer, St.Pölten.

Umschlag: Elisabeth Petersen, München
Umschlagmotiv: Masao Ota/Getty Images
Druck und Bindung: GGP Media GmbH, Pößneck
Printed in Germany
ISBN 978-3-466-30745-6

www.koesel.de

Gewidmet dem EINEN,
neben dem es
kein Zweites gibt[1]

Inhalt

Einführung

Von Beispielen lernen

Wie kann Wertschätzung lebendig werden? Darum geht es in diesem Buch. Was nützen Einsichten, Erkenntnisse, Überlegungen und Theorien, wenn sie sich nicht in Handeln übersetzen? Dieses Buch führt Gedanken fort, die ich in dem Buch *Wertschätzung: Wege zum Frieden mit der inneren und äußeren Natur*[2] niedergelegt habe. Dort ging es mir darum zu zeigen, dass Wertschätzung eine unverzichtbare Kraft ist, warum sie heute so wichtig ist, wie sie entsteht, wie sie sich ausdrückt und wie sie durch Verfahren und Rituale gefördert werden kann.[3] Im vorliegenden Buch geht es darum, konkret zu werden.

Wertschätzung – so wie ich sie verstehe – ist eine Haltung des Herzens, die sich auf die eigene Person, die Mitmenschen und auf die natürliche Mitwelt bezieht und die zuerst einmal akzeptiert, was ist.

Wertschätzung ist ein Grundbedürfnis des Menschen. Achten wir es, so fördern wir den Frieden in uns selbst, in unserem Miteinander und im Verhältnis zu unserer natürlichen Mitwelt. Wertschätzung ist letztlich unteilbar.

Doch sie zu leben, fällt jedem schwer – dem einen mehr, dem anderen weniger. Deswegen ist es hilfreich, sich auf Beispiele zu besinnen, in denen Wertschätzung gelebt wird. Wir Menschen brauchen Vorbilder, Menschen, die uns zeigen, was möglich ist. Dies regt uns an, selbst den Mut und die Kraft zum eigenen Tun zu entwickeln. Beispiele aus unterschiedlichen Lebensbereichen und Kulturen zeigen die Fülle der Möglichkeiten, aber auch die Breite der Notwendigkeiten. Wertschätzung kennt keine Grenzen. Wenn Wertschätzung eine prägende Kraft im Gewebe unseres Lebens werden soll, dann können wir nicht dort Halt machen, wo es für uns bequem und vertraut ist. Die Kraft der Wertschätzung lässt sich mehr und mehr ausdehnen und ausweiten. Es ist ein nie endender Prozess, in dem ich immer mehr und immer Fremderes in den Raum meiner wertschätzenden Aufmerksamkeit und Achtsamkeit einbeziehen kann.

Für den einen geht es vor allem darum, Wertschätzung sich selbst gegenüber zu entwickeln; sie macht erst wirklich frei, auch anderen dieselbe Haltung entgegenzubringen. Dem anderen stellen sich besondere Herausforderungen im privaten Alltag oder im Beruf; wieder andere spüren, dass sie sich für mehr Wertschätzung in der Gesellschaft oder im Verhältnis zur natürlichen Mitwelt einsetzen möchten.

Wert finden, Wert schätzen und Wert schöpfen

Wert finden, Wert schätzen und Wert schöpfen, so kann man den Prozess umschreiben, der durch wertschätzende Achtsamkeit angestoßen wird.[4] Die erste Stufe ist, überhaupt einen Wert zu entdecken. Dabei gilt es, Abschied zu nehmen vom Klagen, Sichbeschweren und Sich-selbst-Bemitleiden und stattdessen die Augen, Ohren und Herzen zu öffnen für die vielfältigen Geschenke, die uns das Leben macht.

Was aber, wenn es nichts wertzuschätzen gibt, wenn ich mich mit persönlichen, sozialen, politischen oder ökologischen Verwerfungen und Katastrophen konfrontiert sehe? Dann wird es weitaus schwieriger. Doch Wert zu finden und Wert zu schätzen beschränkt sich nicht nur auf das vermeintlich Gute und Angenehme. Wert finden und Wert schätzen heißt, den Realitäten ins Gesicht zu sehen und sie erst einmal zu akzeptieren, wie sie sind. Wird die Wirklichkeit nicht akzeptiert, wie sie ist, so sind die Energien in Abwehr, Angst und Verdrängung, in Scham- und Schuldgefühlen oder im Gefühl der eigenen Ohnmacht gebunden. Akzeptiere ich jedoch die Wirklichkeit als das, was sie ist, nämlich als wirklich, dann werden diese Energien frei, um Zukünfte hervorzubringen, die den eigenen Visionen und Hoffnungen eher gerecht werden.

Dies ist möglich aus einer Haltung des Lernens. Wenn wir die Welt und das Leben als eine Bühne begreifen, auf die Gott uns gestellt hat, damit wir unseren freien Willen nutzen und Erfahrungen machen können, dann sind unsere Erfahrungen genau die Lernschritte, die es jetzt zu bewältigen gilt. Hilfreich hierbei ist es, wenn ich mich – angesichts von Problemen aller Art – auf das so genannte »Gute im Schlechten« konzentriere. Jede Katastrophe, welcher Art auch immer, hat nicht nur Schattenseiten, sondern auch positive Aspekte. Gelingt es, diese zu entdecken, dann ist ein entscheidender Schritt gemacht, um die eigene Gestaltungskraft zurückzugewinnen.

Das hat nichts mit Beschönigen oder Schönreden zu tun. Gerade Prüfungen und Beschwernisse sind ein Schlüssel zur Transformation. Im individuellen Leben sind Krankheit, Verlust geliebter Menschen, Arbeitsplatz- oder Reputationsverlust Tore, die uns zu einer ganz neuen Achtsamkeit und Wertschätzung gegenüber den Geschenken des Lebens verhelfen können. Gesellschaftlich und politisch sind Ungerechtigkeit, sozialer Unfriede und kriegerische Auseinandersetzungen eine Herausforderung zum Humanen, an der wir wachsen können. Ökologisch sind die Zerstörungen, die wir derzeit erleben, Zeichen, die uns zu einem wertschätzenden Umgang mit der Natur auffordern. In diesem Sinne gilt der Satz: »Was ist, ist heilig.« Es ist das, was Gott uns zu lernen aufgegeben hat – mag es der liebevollere Umgang mit mir selbst sein, eine achtsamere Haltung untereinander oder eine Haltung der Dankbarkeit gegenüber der Natur, die uns nährt und erhält.

Wertschätzung zu erlernen und zu leben wird damit zu einem Prozess des – spirituellen – Selbstmanagements und letztlich der Selbsttransformation. Sein Ziel ist, zu werden, wer wir sind und schon immer waren: eine Verkörperung der Liebe Gottes, fähig zu lieben und unsere Liebe auf uns selbst und unsere soziale und natürliche Mitwelt auszudehnen.

Wie steht es nun um die Möglichkeit, nicht nur Wert zu finden und Wert zu schätzen, sondern auch Wert zu schöpfen? Wertschöpfung ist ein Begriff, der üblicherweise in der Betriebswirtschaft verwendet wird. Er bezieht sich auf finanzielle und monetäre Größen. Doch Werte lassen sich nicht nur materiell schöpfen. Die wichtigsten Werte sind in Geld nicht aufzuwiegen. Es sind immaterielle Werte: Friede, Freude, Glück, Wohlbefinden, soziale Nähe und Einbindung, Verstehen und Verständigung, Rechtschaffenheit, Gerechtigkeit, Harmonie, Selbstentfaltung, Wissen und Weisheit. All dies sind immaterielle Werte, nach denen wir uns sehnen.

Wertschätzung ist der Schlüssel, um solche immateriellen Werte zu schaffen. Und erstaunlich genug: Die immateriellen Werte sind die entscheidende Voraussetzung dafür, dass auch materielle Werte geschaffen werden können. Das gilt im Kleinen wie im Großen. Ein glücklicher und zufriedener Mensch hat im Leben einfach mehr Erfolg als jemand, der griesgrämig mit sich und anderen ist, der hadert und überall Unheil wittert. Eine wertschätzende Person hat eine positive Ausstrahlung; sie ist offen zu lernen, und wir suchen gerne ihre Nähe und Kooperation und bringen ihr Vertrauen entgegen, wenn sie eine Führungsfunktion hat. Ein griesgrämiger Mensch hingegen stößt eher ab, und man versucht, seine Nähe zu vermeiden. Das ist nur allzu natürlich.

Das Gleiche gilt auf organisatorischer Ebene: Eine Organisation, die nach innen und außen Wertschätzung lebt, ist effizienter und erfolgreicher. Ihre Führungskräfte schaffen eine Organisationskultur und -struktur, in der Mitarbeiter und Mitarbeiterinnen sich stärker einsetzen, lernoffener sind, weniger krank werden, sich klarer mit der Organisation identifizieren. Materielle Wertschöpfungsprozesse werden unterstützt und es wird eine erhöhte Kundenbindung bewirkt. So erweist sich eine gelebte Wertschätzung als ein hilfreicher Weg für ein erfolgreiches Leben auch auf der materiellen Ebene. Sie aktiviert Kräfte in uns, die uns anregen, unsere Ideale, unsere Potenziale und unseren Willen zum Wohle des Ganzen einzusetzen.

Die nachfolgenden Beispiele einer wertschätzenden Praxis führen Sie in sehr unterschiedliche Aktivitätsfelder. Unterstützt zum Teil durch einführende Überlegungen, möchte ich die Aufmerksamkeit darauf lenken, in wie vielen Feldern Wertschätzung bereits jetzt gelebt wird und in Zukunft noch mehr gelebt werden kann.

Wertschätzung unterstützt den Frieden mit sich und anderen. Das habe ich im ersten Buch gezeigt. Frieden in einem Menschen teilt sich der Umwelt mit. Er schafft Frieden im Außen. Deswegen suchen wir nach Menschen, die eine Ausstrahlung des Friedens haben. Deswegen schaffen Menschen, die mit sich selbst im Frieden sind, Frieden – egal ob es Politiker und Politikerinnen sind, Führungskräfte in der Wirtschaft, Professoren oder Professorinnen, Lehrer oder Lehrerinnen, Mütter oder Väter. In der Gegenwart von Menschen, die im Frieden mit sich sind, fühlen wir uns wohl. Wir vertrauen ihnen. Der Aufruhr der eigenen Gefühle beruhigt sich. Die Gedankenschwere lässt nach. Dramatische emotionale Höhen und Tiefen, das Hin- und Herpendeln zwischen Glück und Leid, Freude und Kummer, Hoffnung und Enttäuschung werden geringer. Das Leben erscheint leichter. Gleich-Mut stellt sich ein. Gleich-Mut entsteht, wenn ich gelernt habe, mich nicht mehr mit dem zu identifizieren, von dem mein Ich bislang annahm, dies sei ich, z.B.: »groß – stark – intelligent – reich« oder in der anderen Variante »klein – schwach – dumm – arm«.

Frieden entsteht, wenn ich wertschätze, was ist, und damit frei werde, aus einer größeren Weisheit und Gelassenheit heraus mein Leben zu führen. Dass dies in Ansätzen jedem von uns möglich ist, dass wir unsere Gesellschaft friedlicher machen können, wenn wir aus dieser Haltung handeln, sollen die folgenden Kapitel zeigen.

Im *ersten Teil* geht es um die Beziehung zu mir selbst und zu anderen. Nagende Selbstkritik, ständiger Selbstzweifel, Selbstmitleid oder eine Überhöhung der eigenen Person sind sämtlich Ausdruck des Ego, der Vorstellung, wir seien unser Körper. Wenn ich hingegen Zugang zu meinem wirklichen Selbst finde, zu dem göttlichen Funken, der ich bin und der sich durch meinen Körper ausdrückt, dann strahlt diese Haltung aus und schafft Frieden in meiner Beziehung zu mir selbst und zu anderen.

Der *zweite Teil* befasst sich mit gesellschaftlichen Organisationen und Institutionen. In ihnen werden strukturelle Mächte wirksam wie Konkurrenzdruck, Kampf um Macht oder ökonomische Restriktionen, die einen Übergang zu einer Kultur der Wertschätzung erschweren. Soll sie dennoch entstehen, so braucht es mutige Einzelne, die sich aktiv dafür einsetzen und es vorleben. Insofern beginnen auch kleinere oder größere Änderungen einer Organisation, ihrer Struktur und ihrer Kultur beim Menschen.

Im *dritten Teil* geht es um die Wertschätzung der natürlichen Mitwelt, jenem Feld, in dem Menschen mit einem rationalen, materialistischen Weltbild besonders viel zu lernen haben. Er geht von der Annahme aus, dass die ganze Natur, so wie die Menschen auch, beseelt ist. Wir sind geistige Wesen, und die Natur ist – wie die Veden, die *philosophia perennis* oder Ewige Weisheit des indischen Kulturraums, lehren – aus demselben Geist (Atman) geschaffen. Die Formel der Veden »Es gibt nur das EINE, daneben ist kein Zweites« fordert uns auf und heraus, der Natur gegenüber genau dieselbe Haltung der Wertschätzung zu entwickeln, die wir auch uns selbst gegenüber erfahren möchten.

Auch dieses zweite Buch zum Thema Wertschätzung wäre nicht möglich gewesen, ohne dass mir zahlreiche Menschen geholfen hätten. An erster Stelle möchte ich hier meine Lektorin Dagmar Olzog nennen, die nach Durchsicht meines ursprünglichen Manuskripts zum Thema Wertschätzung sagte: »Dies ist nicht nur ein Buch, es sind zwei Bücher, denn ich wüsste nicht, wo wir kürzen sollten.« So wurde das erste Buch ein systematisches Arbeitsbuch; das hier vorliegende zweite Buch, das zu meiner Freude im Lektorat von Heike Mayer betreut wurde, soll vor allem Mut machen durch Beispiele aus der Praxis. Dass es jetzt vor Ihnen liegt, verdanke ich ganz besonders Maria Schnurr. Sie hat sich nicht nur von der Idee der Wertschätzung anstecken lassen, sondern mich auch redaktionell und bei den Recherchen unterstützt.

Sodann möchte ich den vielen Menschen danken, die aufgrund einer persönlichen oder beruflichen Herausforderung mit dem Wunsch zu mir gekommen sind, mehr Wertschätzung in ihr Leben zu bringen. So durfte und darf ich sie bei ihren Suchbewegungen begleiten und erlebe dies als eine unglaublich große Bereicherung auch für mich.

Mein Dank gilt auch all denen, die ähnliche Ideen wie ich verfolgen, von denen ich lernen und mit denen ich kooperieren darf. Ich denke hier an die vielen Berater, Trainer, Coachs, Facilitators und Organisations- und Persönlichkeitsentwickler, Männer wie Frauen, die intensiv daran mitwirken, dass wir ein Bewusstsein von uns selbst und anderen entwickeln, das nicht vom Freund-Feind-Denken geprägt ist, sondern von dem Wissen darum, dass wir alle zur Familie der Menschheit gehören.[5]

Nicht in meinem Dank fehlen darf meine Familie, in allererster Linie meine beiden wunderbaren Töchter Nathalie und Pascale. Sie waren es, die mich lehrten, dass ein Leben nur mit Wertschätzung gelingen kann. Und natürlich gilt mein Dank meinen Freunden in Deutschland und in Asien, die mich in meinen Suchbewegungen begleiten und die mein Leben so sehr bereichern und beleben.

Last but not least danke ich meinen vielen Lehrern und Lehrerinnen, die mich auf diesen Weg gebracht haben. Dies gilt in allererster Linie für meinen wichtigsten Lehrer, Sathya Sai Baba, dem indischen Heiligen, zu dem alljährlich Hunderttausende von Menschen pilgern. Mit seiner Botschaft der Liebe inspiriert er Menschen rund um den Globus. Nach nunmehr 15 Jahren intensiven Reisens nach Indien und inzwischen auch nach Sri Lanka habe ich unendlich viel von der Weisheit dieser alten Kulturen lernen dürfen. Dabei bestand und besteht für mich immer die große Herausforderung darin, einen Schlüssel zu finden, wie die Weisheit dieser Völker für unseren Kulturraum übersetzt und wirksam werden kann.

So hoffe ich und wünsche mir, dass Sie mit diesem Buch Wege entdecken, wie Sie mit der sanften, verwandelnden Kraft der Wertschätzung zu einem tieferen Frieden mit sich, mit ihren Mitmenschen und mit der natürlichen Mitwelt gelangen können.

Wertschätzung von sich und anderen

Der Mensch zeigt in seinem eigenen Wesen
einen Drang in Richtung auf das
immer vollere Sein,
auf die immer perfektere Verwirklichung
seiner Menschlichkeit ...

Abraham Maslow[6]

Die Einheit von Körper – Seele – Geist annehmen

Kennen Sie das? Ein nagendes Gefühl, weil Sie über eine innere Grenze gegangen sind? Eine Unruhe in der Seele, weil Sie wissen, hier und jetzt hätten Sie sich anders verhalten müssen, aber Ihrem inneren Impuls nicht gefolgt sind? Solche Momente können Hinweise darauf sein, dass wir eine wichtige Botschaft von innen überhört haben. Sie wollte uns auffordern, uns selbst treu zu bleiben.

Sich selbst treu bleiben

Jeder von uns bringt unterschiedliche Anlagen mit, die sich im Leben entfalten wollen und sollen. Wir werden geboren, um zu lernen, wer wir sind. Doch das geht nur in der Auseinandersetzung mit der Welt. Die Anfänge mögen schwierig und belastend sein. Ein falsches Selbst mag entstehen, aus Not oder um sich zu schützen. Doch die Seele ist unermüdlich damit beschäftigt, mir Signale zu senden und mir mitzuteilen, wer ich wirklich bin. Wenn ich offen bin für diese Signale, dann muss mein Leben nicht unbedingt einfach werden, doch es wird eine spannende Reise zu mir selbst.[7] Wir entdecken dann, wie die folgende Geschichte aus den Veden zeigt, unsere wahre Natur:

»Eine Löwin geriet auf der Suche nach Beute an eine Schafherde. Während sie ein Schaf riss, warf sie ein Junges und starb. Der junge Löwe wuchs in der Herde auf, fraß Gras und blökte wie ein Schaf. Er wusste nicht, dass er ein Löwe war. Eines Tages kam ein anderer Löwe in die Nähe der Herde und war erstaunt, einen großen Löwen zu sehen, der Gras fraß und wie ein Schaf blökte. Die Herde floh und mit ihr das Löwenschaf. Der Löwe wartete auf eine Gelegenheit, fand das Löwenschaf schlafend, weckte es auf und sagte: ›Du bist ein Löwe.‹ ›Nein‹, antwortete es und blökte wie ein Schaf. Aber der fremde Löwe schleppte es an einen See und forderte es auf, im Wasser sein Spiegelbild zu betrachten und es mit ihm zu vergleichen. Da sah das Löwenschaf, dass es genauso aussah wie der Löwe. Der Löwe begann zu brüllen und forderte das Löwenschaf auf, auch zu brüllen. Es probierte seine Stimme und brüllte bald so gewaltig wie der andere Löwe. Es war kein Schaf mehr.«[8]

Wir sind unermesslich machtvoll, wie uns diese Geschichte sagen will, da wir den göttlichen Funken in uns tragen, der sich durch uns in der Welt manifestieren soll. Überhören wir die Impulse aus dem Selbst, weil wir Angst haben, unsicher sind oder es an Vertrauen mangelt, dann wird es schwieriger. Herausforderungen und Schwierigkeiten tun sich auf, die helfen, wieder auf die eigene Spur zu kommen.

Der Körper hat dabei eine wichtige Warnfunktion: Er macht uns darauf aufmerksam, wenn unser Geist nicht durchlässig ist für die Impulse der Seele. Wenn die feineren Botschaften, die den Geist erreichen sollen, nicht wahrgenommen werden, dann sendet er Signale. Verstimmungen im Gemüt, Unruhe und Kopfschmerzen mögen die ersten Signale dafür sein, dass im Leben eine Korrektur ansteht. Werden solche Botschaften übergangen und ein Leben wider die eigene Natur fortgeführt, dann beginnt irgendwann der Körper zu rebellieren. Der Körper ist der »moving temple«, er ist, wie schon die Bibel sagt, der Tempel Gottes. Das Göttliche (die Seele) hat sich in den Körper begeben, um in diesem Körper Erfahrungen zu machen. Unser Geist hat die Aufgabe, dies zu lernen und es in der Auseinandersetzung mit der Welt zu leben. Solche Einheit von Körper-Seele-Geist anzunehmen, ist deswegen die erste Herausforderung, der wir uns stellen müssen, wenn wir den Weg der Wertschätzung von uns selbst und anderen gehen wollen.

In meine Einzelstunden und Seminare zur Persönlichkeitsentwicklung kommen Menschen, die aus irgendeinem

Grund das Gefühl haben, sie müssten etwas in ihrem Leben ändern oder ihr Leben neu ausrichten. Es mögen Schwierigkeiten bei der Arbeit, in der Beziehung oder körperliche Symptome sein, die sie auf die Notwendigkeit einer Korrektur aufmerksam gemacht haben. Was und wie dies geschehen könnte, ist noch unklar, doch der innere Druck ist groß genug geworden, um mit Entschiedenheit einen Schritt der Selbstbegegnung und der Selbstannäherung zu wagen. Wir machen uns dann in den Stunden und Seminaren gemeinsam auf die Suche.

Wertschätzung von sich und anderen in der Praxis

Wertschätzung verwandelt

Susanne (Name geändert) hat ein Führungskräftetraining für Frauen besucht, in dem wir intensiv an (Selbst-)Wertschätzung gearbeitet haben. Sie ist attraktiv, vital, leistungsfähig, nicht auf den Mund gefallen und kann Menschen ansprechen und mitziehen. Nun besucht sie noch eine Psychosynthese-Ausbildung für Beratung und Coaching. Das bietet mir eine Möglichkeit, ihre weiteren Entwicklungen zu verfolgen. Eines Tages berichtet sie von ihrer Arbeitssituation:

Sie hat einen Chef, der für sich und das ganze Umfeld eine Zumutung ist. Cholerisch, unsicher, andere entwertend, verbreitet er Angst und Schrecken. Angeregt durch das Thema Wertschätzung hat Susanne versucht, sich in ihn hineinzuversetzen und zu spüren, was in ihm vorgeht. Und tatsächlich: Sie beginnt, ihn besser zu verstehen, und kann ihm unbefangener und freundlicher begegnen. Das hat überraschende Folgen: Ihr Chef sucht das Gespräch mit ihr, will sich mit ihr beraten und entwickelt ganz allmählich eine andere Haltung sich und den anderen gegenüber. Am meisten ist sie davon beeindruckt, dass er sich inzwischen über sich selbst lustig machen kann, nach dem Motto: Stellt euch vor, so bin ich mal gewesen! Heute kommen Kollegen aus anderen Abteilungen, um sich zu erkundigen, wie es denn zu diesem auffallenden Wechsel im Verhalten gekommen ist.

Susannes Beispiel zeigt, dass selbst kleine Änderungen der Einstellung weitreichende Wirkungen haben können. Wenn wir selbst uns ändern, ändern sich andere mit. Wir sind unweigerlich Sender und Empfänger. Wenn wir Entwertung senden, empfangen andere Entwertung und geben diese weiter. Wenn wir aber Wertschätzung senden, empfangen andere Wertschätzung und werden angeregt, diese weiterzugeben. Das Licht verdrängt die Dunkelheit, nicht umgekehrt, solange eine oder einer den Anfang macht!

Ein begrenzendes Lebenskonzept loslassen

Simone (Name geändert) hat den Weg zu mir gefunden, weil ihr Körper ihr den Dienst verweigert: Blutarmut, Energieverlust, Antriebsschwäche, Rückenbeschwerden. Überdies ist sie von Phobien geplagt. Sie hat gelernt, äußerst diszipliniert mit sich umzugehen. Als Hobby tanzt sie Ballett und obgleich sie nicht mehr jung ist, schafft sie es mit ihrer Disziplin bis zur Aufführungsreife. Simone möchte Karriere machen und ihr Zustand passt nicht in ihr Selbstbild. Sie liebt Frauen und lebt aus voller Überzeugung eine lesbische Beziehung. Sie kommt zu mir, weil ihr die Kontrolle über ihr Leben zu entgleiten droht.

Wir arbeiten an frühen Störungen. Der Vater hat sie zwar nicht sexuell, wohl jedoch emotional missbraucht. Die Mutter hat es schweigend geduldet und übt bis heute eine große Macht über Simone aus. Ganz allmählich kann Simone ihren eigenen Gefühlen begegnen und spüren, wer sie ist. Da passiert das Überraschende. Sie verliebt sich in einen Mann und wagt es auch noch, die Beziehung zu leben. Die Freundinnen reagieren heftig; die Reaktionen reichen von Liebesentzug bis zu Kontaktabbruch. Doch Simone steht zu ihren Gefühlen. Sie akzeptiert ihre Empfindungen und geht mutig weiter. Ihr neuer Partner bringt zwei kleine Kinder in die Beziehung mit. Obgleich die Kinder sie nur ab und an besuchen, stellt sie zu ihrer Bestürzung fest, dass sie nicht in der Lage ist, die Kinder liebend anzunehmen. Ihre alten Gefühle des Mangels aus der eigenen Kindheit kommen wieder hoch. Sie möchte die ungeteilte Liebe ihres Partners erleben, statt sie aus der Fülle heraus an die Kinder weiterzugeben. Wir arbeiten noch viele Monate an diesem Thema. Doch irgendwann ist es so weit:

Sie hat den Raum ihrer Wertschätzung und Liebe sich selbst gegenüber so erweitern können, dass sie nun in der Lage ist, diese Liebe auch den Kindern entgegenzubringen. Auch der Kontakt zu den früheren Freunden und Freundinnen ist wieder hergestellt und mehr Frieden in ihre sozialen Beziehungen eingekehrt. Inzwischen ist Simone verheiratet und eine äußerst erfolgreiche Geschäftsfrau.

Das Beispiel von Simone zeigt, wie stark frühe Störungen im Leben von Menschen nachwirken. Ein früher Mangel an Wertschätzung kann zu Selbstkonzepten führen, die in keiner

Weise der Persönlichkeit entsprechen. Die Wertschätzung, die nicht erfahren wurde, muss nun aus dem Selbst kommen. So wird der Weg frei, sich so anzunehmen, wie man ist, und dies anderen auch zuzugestehen. Zugleich braucht es, wie auch dieses Beispiel zeigt, eine gehörige Portion Mut, das falsche Selbst abzulegen und zu den eigenen Bedürfnissen zu stehen.

Die eigene Lebensvision ernst nehmen

Entfaltung aus der Mitte

Hans (Name geändert) ist seit Jahren in einem sozialpflegerischen Beruf tätig, der ihn völlig unterfordert. Er möchte seine Situation ändern, weiß aber nicht, wie er dies bewerkstelligen kann. Er ist resigniert und damit beschäftigt, sich immer wieder zu erzählen, wieso er in diese Lage gekommen ist. Sein tiefster Wunsch ist, Menschen mit kreativen Mitteln therapeutisch zu begleiten. Die Voraussetzungen dafür sind gut, da er seit Jahren an sich gearbeitet und seine Fähigkeiten erweitert hat. Doch es fehlt an Wille und Selbstvertrauen. Zugleich entwickelt er völlig unrealistische Vorstellungen davon, wie er aus seiner misslichen Lage kommen kann. Er meint – bei einem leergefegten Arbeitsmarkt – eine neue Stelle finden zu können, in der er deutlich mehr Zeit für sich und seine Neuausrichtung aufbringen kann.

In der gemeinsamen Arbeit unterbrechen wir als Erstes die Geschichten des Versagens und Misslingens, die Hans über sich selbst erzählt, und entziehen ihnen damit Energie. Dann machen wir uns auf die Suche nach seinen Fähigkeiten und Potenzialen, die es wertzuschätzen gilt. Allmählich kommt Freude auf. Das Selbstmitleid hat nun weniger Chancen. Kräfte werden frei.

Dann wenden wir uns seiner Arbeitsstelle zu und entdecken, dass es auch dort einiges wertzuschätzen gibt. Er hat einen guten Chef, der ihn fördern möchte, ein gutes Betriebsklima und Kollegen und Kolleginnen, die ihn schätzen. Man setzt große Stücke auf ihn und möchte ihn zum stellvertretenden Leiter befördern. Doch vor dem Hintergrund seiner anderen Lebensvision schließt er dies für sich aus. Nur wagt er nicht, darüber zu reden. Zu groß ist die Angst, dann entlassen zu werden und auf der Straße zu stehen. Insgeheim wünscht er sich inzwischen, an seinem bisherigen Arbeitsplatz zu bleiben, allerdings mit deutlich reduzierter Stundenzahl. Die restliche Zeit möchte er nutzen, um seine Lebensvision mit mehr Kraft zu verwirklichen.

Die Situation in der Arbeit spitzt sich zu. Hans begreift, dass er nur noch zwei Möglichkeiten hat: Entweder er teilt seinem Chef die Wahrheit mit und lässt ihn wissen, dass er für die Stellvertreterfunktion nicht zur Verfügung steht. Oder er passt sich an und tut so, als sei er mit allem einverstanden, ohne es jedoch in Wirklichkeit zu sein. Hans weiß allerdings inzwischen, dass Letzteres seinen Preis haben würde: Seit er ehrlicher mit sich selbst geworden ist, hat er begonnen, sich auch mehr wertzuschätzen. Dies hat ihm Kraft gegeben und nun ahnt er: Wenn er sich selbst gegenüber erneut unehrlich sein würde, liefe er Gefahr, in seine resignierte Grundstimmung zurückzufallen.

Nun arbeiten wir daran, einen Weg zu finden, die Wahrheit in einer Haltung der Wertschätzung für sich, den Chef und die Kollegen und Kolleginnen zu kommunizieren. Hans bekommt dabei ein Gespür dafür, dass er voll hinter seiner Lebensvision stehen muss. Wenn ihm dies gelingt, kann er sie den anderen gegenüber ausdrücken und sie dafür gewinnen. In einer Haltung der Wertschätzung für sich und die anderen kann er dann um ihre Hilfe bitten, ihn bei der Verwirklichung seiner Vision zu unterstützen.

Das gefürchtete Gespräch findet statt. Und Hans »springt«. Er bringt den Mut auf, seine persönliche Wahrheit zu kommunizieren, und trifft zu seiner Überraschung und Erleichterung auf Verständnis. Man sichert ihm zu, sich um die Reduzierung der Arbeitszeit zu bemühen. Hans ist überglücklich. Er ist sich einen Riesenschritt nähergekommen. Indem er seine innere Bestimmung wertschätzend annahm, konnte er – ohne über die Interessen der anderen hinwegzugehen – wichtige Schritte zu deren Verwirklichung machen.

Die Geschichte von Hans zeigt, wie lähmend ein falsches Selbst sein kann und welche Macht die Geschichten haben, die wir uns über uns selbst erzählen. Er war resigniert, antriebslos und zugleich unrealistisch. Um sich zu stabilisieren, begründete er vor sich und anderen, warum er in seine missliche Lage gekommen war. Erst als er erkannte, wie viel es an seiner jetzigen Situation wertzuschätzen gab und welche Potenziale auf ihre Entdeckung warteten, wurden Energien frei, um seine weitergehenden Wünsche zu verwirklichen.

Männliche Selbstkonzepte überwinden

Wie sich ein falsches Selbst auswirkt, kenne ich auch aus eigenem Erleben. Als Wissenschaftlerin und Intellektuelle lebte ich ein reines Männerleben. Ich war jung und erfolgreich, leitete eine Abteilung in einem Institut der Auftragsforschung, war für einen hohen Umsatz zuständig und mein Team wuchs ständig. Zu Hause hatte ich zwei kleine Kinder und einen habilitierenden Ehemann. Doch eine schleichend entstehende Gesichtslähmung ließ meine linke Gesichtshälfte allmählich zur Maske erstarren. Als sie schließlich diagnostiziert wurde, war die Lähmung bereits chronisch geworden. Ich hatte meine weibliche Seite verletzt, und wer lesen konnte, vermochte dies in meinem Gesicht zu erkennen.

Dieser »Gesichtsverlust« war für mich eine derart drastische Erfahrung, dass ich mich auf den Weg machte.[9] Ich begriff – und meine beiden Töchter unterstützten mich darin – dass das Leben bunter, reicher, komplexer und weniger planbar ist, als es die Wissenschaft und der logisch-rationale Verstand wahrhaben wollen. Ich erkannte gerade auch in meiner Rolle als Mutter, dass die Erklärungs- und Verhaltensmuster, die ich mir für mich und die Welt zurechtgelegt hatte, nicht reichten. Sie griffen offensichtlich zu kurz. Ich lernte, mein Leben als Frau und Mutter zu akzeptieren, und zog daraus eine unglaubliche Bereicherung für meine wissenschaftliche Arbeit. Ich erkannte und akzeptierte mich schließlich auch als spirituell Suchende und eröffnete mir damit ein ganz neues Abenteuer des Geistes. Und ich lernte, wie ich anderen Menschen helfen kann, die wie ich in die Irre gegangen sind. Zugleich weiß ich, dass auch für mich der Weg der Befreiung vom falschen Selbst noch nicht zu Ende ist. Letztlich führt dieser Weg zur Verwirklichung des wahren, d.h. des göttlichen Selbst. Ob es dazu kommt, hängt von Gottes Gnade ab.

An meinem Beispiel lässt sich gut die ambivalente Wirkung des falschen Selbst erkennen. Krisensituationen sind schmerzlich; doch sie eröffnen die Chance, auf den eigenen Weg zu kommen. Krisen kündigen sich an, wenn das Unbewusste rebelliert und – durch Krankheit, Störungen, Irritationen aller Art – zeigt, dass eine Korrektur nötig ist. Stellen wir uns dieser Aufforderung und leiten einen Prozess der Selbsttransformation ein, dann ist der Lohn hoch. Wir sind dann durch eine Erfahrung gegangen, die den Raum der Bewusstheit und des Mitgefühls erweitert hat. Und wir können nun andere Menschen in ähnlicher Lage wertschätzend und mitfühlend begleiten.

Kleine Geschichten wie diese lassen sich in unserem Alltag überall entdecken. Wenn wir unsere Aufmerksamkeit auf sie richten, wenn wir nach »Juwelen« suchen, in denen Menschen gelernt haben, sich und anderen mehr Wertschätzung entgegenzubringen, werden wir sie finden. Es genügt, die entsprechende Aufmerksamkeit zu entwickeln und mit vollem Bewusstsein und intensivem Wollen mehr Wertschätzung in das eigene Leben einzuladen. Dann werden solche Geschichten wahr, hier und jetzt.

Vom Geschlechterkampf zur wechselseitigen Bereicherung

Kommunikation zwischen Frauen und Männern[10]

Kommunikation ist die Möglichkeit,
das eigene Verstehen
um das Verstehen des anderen zu erweitern.

Barbara Mettler-v.Meibom

Männer sind vom Mars, Frauen von der Venus – so der populäre Untertitel des Bestsellers von John Gray *Männer sind anders – Frauen auch.*[11] Ist Kommunikation zwischen Männern und Frauen also Kommunikation zwischen zwei unterschiedlichen Welten? Oder in Fachtermini ausgedrückt: Ist es »interkulturelle Kommunikation«? In einer globalisierten Gesellschaft ahnen wir, wie schwierig Kommunikation über kulturelle Grenzen hinweg ist. Die Kommunikation zwischen Männern und Frauen als interkulturelle Kommunikation zu begreifen, sprengt jedoch das übliche Verständnis. Und doch könnte es wahr sein: dass die Kommunikation zwischen den Geschlechtern mit allen Schwierigkeiten einer interkulturellen Kommunikation zu kämpfen hat – mit der Existenz unterschiedlicher Wertesysteme, mentaler Modelle und Wahrnehmungsmuster, mit einem Mangel an Verstehen und Verständnis für die Kommunikationsbedürfnisse und Kommunikationsweisen des jeweils anderen Geschlechts und mit typischen Konfliktbewältigungsstrategien.[12]

Interkulturelle Kommunikation wird heute an Universitäten und Trainingsinstitutionen gelehrt und gelernt. Menschen, die mit anderen Kulturen zu tun haben und z.B. auf einen Auslandseinsatz vorbereitet werden, durchlaufen vielfach eine Kommunikationsschulung mit dem Ziel, die Verständigungschancen mit Menschen anderer Kulturen nicht an Vorurteilen oder Unwissenheit scheitern zu lassen. Doch in der »interkulturellen« Kommunikation zwischen den Geschlechtern werden Verstehen und Verständigung als selbstverständlich vorausgesetzt. Obgleich man weiß, dass Kommunikationsschwierigkeiten zwischen Männern und Frauen beruflich wie privat erhebliche Probleme und Konflikte verursachen können, wird diese »interkulturelle Kommunikation« kaum als ein Feld des interkulturellen Lernens begriffen.[13] Erst wenn Männer und Frauen ihre jeweiligen Sichtweisen erkennen und respektieren lernen, eröffnen sich Chancen wirklicher Verständigung zwischen den Geschlechtern. Dies setzt wechselseitige Wertschätzung voraus.

Tradition und Aufbrüche

»Über den physiologischen Schwachsinn des Weibes« – so lautet der Titel eines Buches von Dr. P. J. Möbius aus dem Jahr 1903, das in zahlreichen Auflagen erschien. Frauen wurde hierin die Unfähigkeit bescheinigt, logisch zu denken oder sich entsprechend (öffentlich) zu äußern. Möbius fand in dieser Auffassung machtvolle Unterstützung in der Bibel. Dort heißt es: »Ein Weib lerne in der Stille mit aller Untertänigkeit. Einem Weibe aber gestatte ich nicht, dass sie lehre, auch nicht, dass sie des Mannes Herr sei, sondern stille sei« (1 Timotheus 1:11-12). Den Männern räumt die Bibel das Recht ein, im öffentlichen Raum zu reden, den Frauen überlässt sie das Schweigen.

Kein Wunder, dass Kommunikation zwischen Frauen und Männern nicht zuletzt eine Machtfrage ist. Doch eine interkulturelle Sicht auf die Kommunikation zwischen Männern und Frauen trägt der Tatsache Rechnung, dass jedes Machtverhältnis – so sehr es auch strukturell angelegt sein mag – durch die jeweils Beteiligten neu bestätigt werden muss.[14] In der Kommunikation zwischen Männern und Frauen werden die (Macht-)Beziehungen zwischen den Geschlechtern jeweils kommunikativ neu ausgehandelt. Das eröffnet Spielräume für Gleichwertigkeit und Verstehen.

So machten sich Frauen auf, ihre Entmündigung kommunikativ zu durchbrechen. Lautstark oder mit sanfter Macht meldeten sie sich zu Wort und forderten ihre Rechte ein, ob als Suffragetten im England des 19. Jahrhunderts oder als Vertreterinnen der Frauenbewegung, die nach dem Ersten Weltkrieg das Wahlrecht für Frauen einforderten. In den 70er-Jahren des 20. Jahrhunderts meldeten sich vor allem Feministinnen zu Wort und forderten öffentlich das Recht auf »Gleichheit und Differenz«.[15] Ihnen ging es darum, das Verhältnis zwischen den Geschlechtern und damit auch die Sprache zwischen den Geschlechtern grundlegend zu verändern: Der männliche Sprachgebrauch wurde als Herrschaftsinstrument,[16] als »Männersprache«[17] identifiziert und eine Sprache gefordert, die entweder konsequent die maskuline und feminine Form verwendet oder aber geschlechtsneutral ist. Die kommunikative Entwertung der Frau in Öffentlichkeit und Medien wurde mit allen Mitteln angeprangert.

Neue Blockaden

Doch als Frauen, bald unterstützt durch Gleichstellungspolitik und Quotenregelungen, diesen Konflikt durchfochten, mussten sie merken, dass der Geschlechterkampf zu neuen Blockaden führte. Formal gewannen sie an Boden: In den Medien, in Institutionen, in der Politik ergriffen sie zunehmend das Wort; ja, sie wurden sogar gehört. Doch ob es wirklich das wechselseitige Verstehen erweiterte, darf mit Fug und Recht bezweifelt werden. Jedenfalls mehren sich gerade in den letzten Jahren die Publikationen, die ein anhaltendes Missverstehen zwischen Frauen und Männern postulieren und neue Wege der Verständigung aufzeigen.[18] Trotz aller bisherigen Versuche scheint es also anhaltende Schwierigkeiten im kommunikativen Umgang zwischen den Geschlechtern zu geben. Sich wechselseitig wertzuschätzen, will offenbar nur schwer gelingen.

Unterschiede (an)erkennen und zulassen?

Was sind typische geschlechtsspezifische Unterschiede? Männer entwickeln in einer männlich geprägten Gesellschaft eine männliche Identität, indem sie sich von dem zu unterscheiden suchen, was als weiblich angesehen wird. Solche Abspaltung des Weiblichen erklärt Horst-Eberhard Richter in seinem Buch *Der Gotteskomplex*[19] tiefenpsychologisch als die Weigerung des Mannes, zu leiden oder Schwäche zu erfahren. Die kollektive Folge sind Abspaltung und Projektion dieser menschlichen Erfahrungen auf die Frau – das schwache Geschlecht – und auf die Natur, die ausgebeutet werden kann.

Die Folge ist eine geschlechtsspezifische Allmachts-Ohnmacht-Spaltung, in der beide Geschlechter »unheil« geworden sind, weil sie den jeweils anderen Pol abgespalten haben: Frauen ihren Machtpol und Männer ihren Ohnmachtspol. Solche Spaltung ist in den kollektiven mentalen Modellen einer weithin patriarchalen Gesellschaft angelegt und damit auch in der Kommunikation zwischen den Geschlechtern. Sozialisation, Eigen- und Fremdzuschreibungen sorgen dafür, dass die entsprechenden mentalen Modelle, Werte und Normen von Generation zu Generation weitergegeben werden – allen Änderungsversuchen zum Trotz.

Die Allmachts-Ohnmachts-Spaltung hat auf der Verhaltens- und Kommunikationsebene weitreichende Folgen: Männer als Gruppe gesehen denken, fühlen, werten und reden in Hierarchien. Sie interessiert auf der Beziehungsebene vor allem, welchen Status der Sprecher in der hierarchisch angenommenen Ordnung der Dinge einnimmt. Frauen hingegen denken, fühlen und handeln kommunikativ stärker in nicht-hierarchischen Beziehungsmustern und versuchen, mit ihren Argumenten Ähnlichkeiten zu betonen und Verbindungen sowie (nicht-hierarchische) Beziehungen herzustellen.[20] Außerdem legen Männer häufig Wert darauf, in der Öffentlichkeit keine Gefühle zu zeigen, und ziehen es zur Stärkung ihrer männlichen Identität vor, ihre Interessen und Positionen mit rationalen Argumenten zu begründen. Frauen hingegen haben meist das Bedürfnis, ihre soziale und kommunikative Kompetenz auszudrücken. Sie bewegen sich argumentativ stärker auf der Beziehungsebene. Bei all diesen Unterschieden wirken Sozialisationsmuster, kollektive mentale Modelle sowie Prozesse der Eigen- und Fremdwahrnehmung mit.[21] Was fehlt, ist die jeweilige (Selbst-)Ermächtigung, den abgespaltenen Pol zu integrieren und zu leben.

Wir haben die Wahl

Wir können mehr Wertschätzung in die Beziehung zwischen den Geschlechtern bringen, wenn wir dies wollen und wenn wir die »interkulturelle« Verständigung zwischen Frauen und Männern verbessern. Dann ist es letztlich unerheblich, was an der bisherigen Dynamik zwischen den Geschlechtern genetisch, biologisch, sozial oder kulturell bedingt ist. Tatsache ist, dass eine Änderung nur gelingen kann, wenn die wechselseitigen Wahrnehmungen erweitert werden, wenn eine Veränderung von überkommenen mentalen Modellen eintritt und wenn die kommunikativen Aushandlungsprozesse zwischen Frauen und Männern mehr Gleichwertigkeit und mehr Differenz ermöglichen.

Frauen und Männer können unterschiedliche Wege wählen, wie sie auf eine Entwertung durch das jeweils andere Geschlecht reagieren. Grob lassen sich drei Wege unterscheiden:

- Ohnmacht, Rückzug, Gleichgültigkeit; oder das Gegenteil: Allmacht, Kontrolle, Entwertung;
- Kampf der Geschlechter und/oder Anpassung an dominante männliche Kommunikationsmuster;
- Verständigung mit Hilfe von »interkulturellem« Lernen.

Die Ohnmachtsrolle wird überwiegend von Frauen übernommen. Die eigene Macht nur indirekt auszuagieren, ist ein Weg, der am deutlichsten der Ohnmachts-Allmachts-Spaltung Ausdruck gibt. Männern die alleinige Schuld dafür zu geben, dass sie faktisch oder angeblich Frauen unterdrücken, dürfte ebenso wenig die Kommunikation zwischen Männern und Frauen befördern wie Formen verdeckter Machtausübung (z.B. durch Krankheiten) oder durch Rückzug, Resignation oder Gleichgültigkeit: Auch das Agieren hinter dem Rücken mittels schlechter Nachrede, Sticheln, permanentem Nörgeln oder Lamentieren ist eine Form fehlgeleiteter Machtausübung. Den Gegenpol, die Allmachtsrolle, beanspruchen hingegen eher Männer für sich. Doch diese Rolle ist genauso wenig von Wertschätzung für sich selbst geprägt wie die Ohnmachtsrolle. Hier werden die eigenen Schwächen und Bedürfnisse nicht in den Raum der liebenden Achtsamkeit genommen und daher im Außen bekämpft.

Der Kampf der Geschlechter kann offen oder verdeckt geführt werden. Offen kämpft eine Frau, wenn sie mit Entschiedenheit, gegebenenfalls mit Aggressivität, von ihren männlichen Kommunikationspartnern einen anderen Umgang mit dem eigenen Geschlecht einfordert. Kampf findet auch statt, wenn Männer Frauen gezielt öffentlich entwerten oder ihnen eine Mitsprache verweigern. Einen verdeckten Geschlechterkampf kann man feststellen, wenn Frauen sich dem männlichen Kommunikationsmuster so uneingeschränkt anpassen, dass sie quasi männlicher werden als der Mann. Hier findet tiefenpsychologisch eine Identifikation mit dem Aggressor statt: Die eher weiblichen Kommunikationsweisen werden so weit abgewertet, dass sie beim eigenen Geschlecht bekämpft werden. Die vermännlichte Frau kämpft in diesem Sinn gegen ihr eigenes Geschlecht. Ein verdeckter Geschlechterkampf findet aber auch statt, wenn die Eigenständigkeit und Eigenwertigkeit der Frau von Männern durch Bevormundung und kontrollierendes Helfen in Abrede gestellt wird.

Bleibt die dritte Variante, die Verständigung im Sinne des interkulturellen Lernens. Die Fähigkeit eines Menschen zu lernen, ist umso größer, je weniger er/sie sich im eigenen Wert in Frage stellt oder in Frage gestellt fühlt. Frauen, die ein gesundes Selbstbewusstsein entwickelt haben, können es sich leisten, hinzuhören und hinzuspüren, was ihre männlichen Kommunikationspartner ausdrücken wollen. Das gilt umgekehrt auch für Männer. Wenn Männer offen sind für ihre eigene weibliche Seite, fällt es ihnen auch leichter, sich für das Wissen und die Sichtweise von Frauen zu öffnen.

Eine dialogische Haltung gegenüber Menschen des anderen Geschlechts hilft, vorzeitige Bewertungen und Interpretationen zu vermeiden.[22] In der dialogischen Kommunikation geht es darum, die Wahrnehmungsbrille des anderen verstehen zu lernen und sich selbst klar verständlich zu machen. Ein Kommunikationsmuster des »Ich habe recht und du hast und bist im Unrecht« wird in der dialogischen, gewaltfreien Kommunikation ersetzt durch eine Haltung des Lernens, der Neugier und des Wunsches, zu wissen und zu verstehen. Als Prinzip gilt hier: »Ich sehe das so, und ich erkenne, dass du es anders siehst. Lass uns daher herausfinden, ob wir aus den unterschiedlichen Sichtweisen eine neue gemeinsame Sichtweise entwickeln können.«

Wann ist eine Haltung der Wertschätzung erreicht? Eine Haltung der Wertschätzung nehme ich ein, wenn ich mich nicht scheue, in der Kommunikation auch mein Herz sprechen zu lassen. Habe ich dazu den Mut und die innere Freiheit, so können sich die Beziehungen zwischen Männern und Frauen fundamental ändern. Denn auf dieser Ebene entscheidet sich letztlich, ob Kommunikation im Sinne von Verstehen und Verständigung wirklich zustande kommt. Gelingt Verständigung aus einer Haltung der Wertschätzung, so ist mehr als nur eine bessere Kommunikation zwischen Frauen und

Männern erreicht. Dann haben wir einen wichtigen Ansatz gefunden, um weibliche und männliche Prinzipien wieder stärker miteinander zu versöhnen. Angesichts einer Welt, die durch einseitige Denk- und Wahrnehmungsmuster aus den Fugen geraten ist, könnte dies helfen, ein neues Gleichgewicht herzustellen, das unser Leben und Überleben sichert.

Wertschätzende Kommunikation zwischen den Geschlechtern in der Praxis

Aus dem Wissen der Frau schöpfen: Ein Vortrag von Gesine Schwan

Ich fahre nach Bonn, um Gesine Schwan in der Friedrich-Ebert-Stiftung zuzuhören.[23] Sie ist Kandidatin für das Amt der Bundespräsidentin, und ich möchte sie gerne persönlich erleben. Als Professorin der Politikwissenschaft hat sie einen ähnlichen Hintergrund wie ich; als Präsidentin der Europa-Universität Viadrina in Frankfurt/Oder und als Kandidatin für das Amt des Bundespräsidenten hat sie eine für Frauen ganz ungewöhnliche Karriere gemacht. Außerdem hat sie ihre Kampagne auf das Thema »Vertrauen in der Politik« ausgerichtet, was mich besonders interessiert und mich sehr an mein Thema Wertschätzung erinnert.

Gesine Schwan

Der Saal ist brechend voll. Die Menschen sitzen auf den Stufen, stehen auf den Rängen und hören hoch aufmerksam zu. Das gilt auch für mich. Was ich schnell merke: Hier spricht eine Frau, die ein gesundes Selbstwertgefühl hat und ihre Überlegungen wertschätzend vorträgt. Als Frau und Kandidatin der SPD ist sie eine fast chancenlose Außenseiterin. Doch es überrascht mich, in welchem Ausmaß sie – eine Wissenschaftlerin aus einer männlich geprägten Universitätslandschaft – ihre Überlegungen bewusst im weiblichen Wahrnehmungshorizont spiegelt. Bereits ihr Thema »Vertrauen in der Politik« spiegelt dies wider: Laut Sukie Colegrave ist Vertrauen der »Mittelpunkt des femininen Bewusstseins«.[24] Der weibliche Wahrnehmungshorizont spiegelt sich auch in den Analysen von Gesine Schwan. Statt anklagende Töne gegenüber einer patriarchalen Gesellschaft vorzubringen, gelingt es ihr, der bundesrepublikanischen, männerdominierten Gesellschaft in aller Verbindlichkeit und Klarheit den Spiegel vorzuhalten. Ohne Aufhebens, sachorientiert und ganz auf interpersonale Verständigung abzielend, lässt sie das Wissen einer Frau in die Auseinandersetzung um hochbrisante politische Fragen einfließen. Besonders eindrücklich sind für mich ihre Diskussionsbeiträge, in denen sie auf den derzeitigen gesellschaftlichen Umgang mit Schwangerschaft und Geburt eingeht: So macht sie unmissverständlich klar, dass eine Gesellschaft es sich nicht lange leisten kann, junge Menschen in der Zeit der Familiengründung völlig den Bedürfnissen der Wirtschaft unterzuordnen.

Gesine Schwan hat nicht zufällig am Ende ihrer Kampagne große Unterstützung in Politik und Gesellschaft gewonnen. Sie verkörpert eine Haltung der Wertschätzung, nach der sich viele gesehnt haben und die sich auch auf das Verhältnis der Geschlechter erstreckt. Ihr Beispiel zeigt zugleich, wie wichtig Vorbilder sind, die einen wertschätzenden Umgang zwischen den Geschlechtern praktizieren. Eine Frau, die im vollen Selbstbewusstsein in der Lage ist, ihr Wissen auch als Frau weiterzugeben, hat die Chance zur gesellschaftlichen Transformation. Sie hilft, einen Dialog zwischen den Geschlechtern wieder in Gang zu setzen, dessen Versiegen viel zum derzeitigen gesellschaftlichen Unglück beigetragen hat. Insofern wäre es sehr zu wünschen gewesen, sie hätte diese Funktion auch in der prominenten Rolle der Bundespräsidentin spielen können.

Im privaten Alltag eine neue Brille aufsetzen

Das zweite Beispiel führt unmittelbar in den privaten Alltag einer Familie. Zu mir kommt eine Migrantin in erster Generation, die drei wunderbare Töchter großgezogen hat. Sie ist der »Mann« der Familie, hält die Dinge zusammen und sorgt dafür, dass alle drei Töchter eine gute Chance haben, ein sozial anerkanntes, erfülltes Leben zu führen. Starke gesundheitliche Probleme, von denen sie wusste, dass sie seelisch bedingt sind, haben sie zu mir geführt. Nachdem es gelungen war, eine ganze Reihe von Schwierigkeiten auf der seelisch-geistigen Ebene aufzulösen, wagt sie sich endlich an die sie besonders quälende Beziehung zu ihrem Mann. Er ist inzwischen arbeitslos und krank und muss, nach einer längeren arbeitsbedingten Abwesenheit, seinen auswärtigen Wohnort aufgeben und wieder bei ihr einziehen. Besonders belastend ist die Tatsache, dass er sich der Kommunikation verweigert und sie ihm subjektiv keine Achtung mehr entgegenbringen kann.

Wir wollen einen Schlüssel für die Änderung der unerträglichen Situation finden. So machen wir uns auf die Suche danach, was sie an sich und an ihrem Mann wertschätzen kann. Mit kreativen Mitteln wird sichtbar, dass die beiden einander wunderbar ergänzen, weil sie jeweils Fähigkeiten und Gaben haben, die dem anderen nicht zur Verfügung stehen. Doch sie konnte diese Gaben ihres Mannes nicht mehr sehen und anerkennen, so sehr erlebte sie sich als diejenige, die alles in der Hand halten musste. Außerdem entdeckt sie in der Sitzung, wie wertlos und entwertet sich der Mann derzeit in seiner sozialen Situation erlebt. Umso wichtiger – so erkennt sie – ist es für sie und die gemeinsame Lebenssituation, dass sie ihm die für ihn lebensnotwendige Wertschätzung entgegenbringen und zeigen kann. Einige Tage später kommt eine der Töchter bei mir vorbei und bringt mir ein wunderbares Essen im Auftrag der Mutter. Sie berichtet strahlend und mit verschmitztem Lachen: Bei ihnen zu Hause seien ganz neue Sitten eingezogen: Vater und Mutter ständen derzeit gemeinsam in der Küche und hätten Spaß daran, gemeinsam zu kochen!

Das Beispiel dieser Migrantin zeigt, dass das Absetzen einer Brille und das Aufsetzen einer neuen zu schlagartigen Änderungen führen kann. Es muss nur gelingen, eine entwertende Brille von der Nase zu nehmen und stattdessen im anderen (neu) das zu entdecken, was ihn oder sie für mich wertvoll macht. Dann lösen sich viele Schwierigkeiten wie von selbst auf.

Gemeinsam durch Höhen und Tiefen

Ein drittes und letztes Beispiel zeigt das Verhältnis der Geschlechter an einer Extremsituation: Die Organisatoren eines meiner Frauenseminare fragen mich an, ob mir eine

Frau willkommen sei, die eine Geschlechtsumwandlung hinter sich habe. Für sie sei es eine besondere Herausforderung, an einem Frauenseminar teilnehmen zu können und sich in ihrer neuen Identität zu erproben. Ich sage gerne zu.

Marianne (Name geändert) hat eine wahre Odyssee hinter sich. Sie war – als Mann – verheiratet, konnte sich aber nie mit ihrem Körper identifizieren. Sie litt Qualen und wusste, dass sie eine Änderung herbeiführen musste. Den Weg der Geschlechtsumwandlung hat sie schließlich mit aller Konsequenz, allen Schmerzen seelischer und körperlicher Art durchlaufen und für andere dokumentiert, die sich vor ähnliche, schier unüberwindliche Probleme gestellt sehen. Besonders beeindruckt bin ich von zwei Aspekten ihrer Geschichte: Nach bereits eingeleiteter hormoneller Umstellung musste sie es nochmals erleben, dass ihr Testosteronspiegel auf die alte Höhe zurückkehrte, die für Männer üblich ist. Wie sie selbst sagt, konnte sie den damit einhergehenden Gefühlen und Impulsen nicht ausweichen. Sie fühlte sich dem Mannsein rettungslos ausgeliefert. Der Zustand verbesserte sich erst wieder, als der Östrogenspiegel die für Frauen typische Höhe erreichte. Als die Geschlechtsumwandlung schließlich operativ eingeleitet wird, ist sie nicht allein. Sie wird in jedem Schritt dieses Prozesses, von der Entscheidung bis zum Vollzug, von ihrer bisherigen Ehefrau begleitet und unterstützt!

Welche Praxis wertschätzender Kommunikation zwischen einem Mann und einer Frau! Das Beispiel von Marianne zeigt überdies, dass Gray mit seiner Formulierung »Männer sind vom Mars und Frauen von der Venus« offenbar recht hat. Die unterschiedliche hormonelle Ausstattung von Männern und Frauen reicht bis tief in das Gefühlsleben und in das Denken hinein. Wir tun also gut daran, die Unterschiedlichkeit zu respektieren und all dem, was sich daraus ergibt, in einer Haltung wechselseitiger Achtung und Wertschätzung zu begegnen.

Vom Generationenkonflikt zum Lernen voneinander

Wer aus Asien nach Deutschland zurückkehrt, kann erschrecken: Die deutsche Bevölkerung ist überaltert. Überall fehlen die jungen Gesichter. Obgleich die Gesellschaft einem Jugendkult verfallen zu sein scheint, mangelt es an jungen Menschen. Was ist geschehen?

Eine Gesellschaft im Ungleichgewicht

Wenn es irgendeines Hinweises bedürfte, dass etwas mit unserer Gesellschaft nicht stimmt, dann finden wir ihn hier. Der normale Fluss des Lebens, der sich in einem Gleichgewicht von Werden, Sein und Sterben äußert, funktioniert offenbar nicht mehr störungsfrei. Die so genannte Alterspyramide ist aus den Fugen geraten und zwar keineswegs nur aufgrund der Kriegsfolgen. Die Klein- und Kleinstfamilie wird zunehmend von zeitlich begrenzten Partnerschaften abgelöst. Wo dennoch Ehen geschlossen und Kinder geboren werden, halten diese Familien immer seltener lebenslang. An ihre Stelle treten so genannte »Lebensabschnittsgemeinschaften«, und der Anteil von Scheidungskindern und Patchwork-Familien nimmt drastisch zu. Zugleich ist die Geburtenrate anhaltend rückläufig. Während eine Frau Mitte des 20. Jahrhunderts durchschnittlich noch drei bis vier Kinder gebar, waren es in meiner Generation nur noch rund zwei Kinder; inzwischen schrumpft bei einer Geburtenrate von statistisch 1,4 Kindern pro Frau die Bevölkerung. Heute haben immer mehr junge Frauen nur ein Kind – als Spätgebärende – oder sie verzichten ganz auf Kinder, selbst dann, wenn sie gerne eine Familie gründen und mehrere Kinder großziehen würden.

Die Gründe für diese Entwicklung sind komplex und vielfältig. Mit Sicherheit ist es nicht nur der Einfluss der Pille, die Partnerschaften ohne Risiko und ohne die Notwendigkeit der Familienbildung erlaubt. Auch der Einfluss einer verfehlten deutschen Familienpolitik dürfte nicht ausreichen als Erklärung, obgleich die Entwicklung in anderen europäischen Ländern wie z.B. Frankreich weniger dramatisch verläuft. Dort haben Frauen dank garantierter Krippen- und Kindergärtenplätze ungleich bessere Möglichkeiten, Beruf und Familie miteinander zu verbinden. Auch die Entwicklung der neuen Technologien dürfte nicht als Erklärungsansatz ausreichen. Deren Einführung übt gleich einen mehrfachen Druck aus: Zum einen wird frühzeitig und intensiv auf junge Arbeitskräfte zurückgegriffen, die in einem sich schnell verändernden Arbeitsmarkt zum Teil um ihr Überleben kämpfen müssen. Zum anderen führen Rationalisierungen und die Auswirkungen der Globalisierung letztlich doch zu einem Abbau von Arbeitsplätzen, und die Konkurrenz auf dem Arbeitsmarkt erreicht ein nie da gewesenes Ausmaß.

Die Folge ist, dass junge Menschen in der Reproduktionsphase alle Kräfte darauf richten, Fuß zu fassen, um nicht aus dem System zu fallen. Das gilt für Männer wie für Frauen. In dieser Phase Kinder in ihr Leben einzuladen, scheint vielen jungen Paaren daher undenkbar. Man meint – nicht ohne Grund –, es sich in der eigenen Berufsbiografie zu diesem Zeitpunkt nicht leisten zu können. Last but not least führen materialistische Orientierung und Konsumzwang dazu, dass Kinder als finanzielle Belastung und Armutsrisiko angesehen werden. Junge Mütter sind in besonderem Maße von Armut bedroht, da die Scheidungsrate hoch, die Kinderbetreuungsmöglichkeiten schlecht und die Arbeitschancen für sie äußerst gering sind.

Wie allseits bekannt, geht es inzwischen um einen Verteilungskonflikt. Er steht vermutlich erst am Anfang und wird noch dramatischere Formen annehmen. Da der Anteil der alten Menschen an der Bevölkerung drastisch steigt, müssen immer weniger junge immer mehr alte Menschen »durchfüttern«. Sie müssen Renten erwirtschaften, die an eine große Zahl von Renten- und Pensionsempfängern auszuzahlen sind. Zugleich kämpfen diese Jugendlichen darum, überhaupt in kontinuierliche Beschäftigungsverhältnisse zu kommen, die für sie selbst und für die älteren Menschen rentenwirksam werden könnten. Da solche Beschäftigungsverhältnisse immer stärker abgebaut werden, »beißt sich die Katze in den Schwanz«. Zudem hat die derzeitige Generation alter Menschen teilweise derart hohe Renten, Pensionen und Besitzansprüche ansammeln können, dass auch aus diesem Grund bei den jungen Menschen Neid und Missgunst nachvollziehbar erscheinen.

Die unterschiedlichen Kräfte bilden eine Einheit

Versucht man die gemeinsame Wurzel all dieser Entwicklungen ausfindig zu machen, so scheint sie mir vor allem in den zugrunde liegenden Werten und Menschenbildern zu liegen. Auch hier stoßen wir wieder auf eine Form mangelnden Respekts und mangelnder Wertschätzung. Dieser Mangel führt zu ganz bestimmten Ungleichgewichten:

Die westlichen Gesellschaften sind ausgerichtet auf die Kräfte der Innovation und des Aufbruchs sowie des Machens, der Tat. In meinem ersten Buch zum Thema Wertschätzung habe ich den Wisdom Circle vorgestellt.[25] Danach gibt es vier Grundkräfte, die den Himmelsrichtungen und den Jahreszeiten entsprechen: Frühling/Osten, Sommer/Süden, Herbst/Westen und Winter/Norden. Wenn man sich an diesen vier Grundkräften orientiert, dann stellt man fest, dass in unseren westlichen Industriegesellschaften zwei Arten von Kräften überbewertet und zwei unterbewertet sind. Überbewertet sind die Frühlingskräfte, die für Innovation und Aufbruch stehen, und die Sommerkräfte, die das Tun, Machen und Ernten repräsentieren. Unterbewertet sind hingegen die Kräfte der Erhaltung (Herbst) und die Kräfte der Regeneration und des Wissens um die Ordnung der Dinge (Winter). Übersetzt auf unsere Gesellschaft heißt dies, wir sind kollektiv in Innovationen (z.B. technologischer Art), deren Vermarktung (z.B. durch Globalisierung) und die Erwirtschaftung von Erträgen verliebt. Aber wir geben der Erhaltung unserer natürlichen Lebensgrundlagen und der Regeneration, die einer natürlichen Ordnung der Dinge entspricht, nicht genügend Aufmerksamkeit.

Sehr anschaulich – wenngleich unbeabsichtigt – wurde dies in der großartigen temporären Ausstellung »Sonne, Mond und Sterne«, die auf der Zeche Zollverein in Essen gezeigt wurde. Am Fuße eines Zechenturmes war ein »Beet« mit zahlreichen Videogeräten installiert worden. Jeder Bildschirm war wie eine Blume positioniert und zeigte Blumenbilder von atemberaubender Schönheit. Doch von dem Lebenszyklus der Blumen wurden nur zwei Phasen sichtbar – und das wieder und wieder in nicht endender Folge: die Knospung und die Blüte. Das Vergehen der Blüte und die Phase, in der die Pflanze sich unter der Erde regeneriert, waren hingegen ausgespart. Offenbar existierten sie in der Vorstellungswelt der Videokünstler nicht oder schienen des Zeigens nicht wert.

So ist es generell: Das Neue hat hohe Attraktivität; Vergehen, Vergängliches und Tod werden dagegen verdrängt. Leistungs- und Durchsetzungskraft werden gefördert und gefordert, die Regeneration hingegen wird vernachlässigt. Die Jugend ist »in«, das Alter ist »out«; »Anti-Aging« ist die Devise. Die Folgen solchen Jugendwahns sind unübersehbar, im Körper der Natur ebenso wie im sozialen Körper: Wir sägen den Ast ab, auf dem wir sitzen. Wir erlauben uns weder Zeiten der Reife noch Zeiten des Erntens reifer Früchte, des Erhaltens der Substanz oder der Regeneration. Ein solches kollektives Muster schafft weder Wachstumsbedingungen für gesundes neues Leben noch Bedingungen, unter denen die Ernte des Lebens geachtet wird. Die Folge: Den jungen Menschen geht es in unserer Gesellschaft schlecht; den Alten nicht minder; und wer fit ist für Business, ist vielfach restlos überfordert: Arbeitsintensivierung und Arbeitsstress fordern einen immer höheren Tribut.[26]

Nicht ohne Grund spricht man von einem Wisdom Circle, wenn man um die innere Beziehung zwischen den Kräften weiß. Weisheit entsteht dann, wenn der Blick auf das Ganze gerichtet wird und nicht nur auf jene Teile, die gerade attraktiv erscheinen mögen. Weisheit erfordert, dass wir uns die verschiedenen Energien und Kräfte, die jedes Lebensalter repräsentiert, vergegenwärtigen und begreifen, dass sie alle zusammengehören. Erst aus dem Zusammenspiel der Kräfte ergibt sich die Einheit. Die Alten brauchen die Jungen und die Jungen die Alten. Das gilt analog für die Menschen in der Lebensmitte. Auch sie sind abhängig davon, dass junge Menschen nachwachsen und sie selbst alt werden dürfen. Derzeit werden nur Lebensabschnitte hoch bewertet, die wirtschaftliche Leistungsfähigkeit versprechen und mit hoher Kaufkraft einhergehen. Doch wir können nicht einfach ohne Gefahr bestimmte Abschnitte des Lebenszyklus hoch bewerten und andere niedrig. Tun wir dies, so gehen uns kollektiv wichtige Energien verloren, die wir für die gesellschaftliche und individuelle Wohlfahrt brauchen.

Was repräsentieren die verschiedenen Lebensalter?

Was repräsentieren die verschiedenen Lebensalter? Bei der Antwort hierauf kann der Wisdom Circle nochmals als Anschauungshilfe dienen. Die Jugend repräsentiert den Frühling, das Neue, den Aufbruch. Die jungen Erwachsenen repräsentieren den Sommer, die Tatkraft, die Durchsetzungskraft, die Fähigkeit zur Umsetzung und die Fähigkeit zum Erfolg. Die älteren Erwachsenen repräsentieren den Spätsommer und Frühherbst, die Ernte ist eingebracht und alles wird für den nächsten Wachstumszyklus vorbereitet. Hier geht es um die Fähigkeit zum Erhalt der Dinge (Maintenance). Menschen in diesem Alter können auf wichtige Lebenserfahrungen zurückblicken, haben lebenswichtige Zusammenhänge erkannt und wissen aus einer umfassenderen Sicht, was zu einer guten Ernte verhilft. Die Menschen, die ihr Arbeitsleben bereits abgeschlossen haben, repräsentieren den Winter, die Ruhezeit. Es ist die Zeit, in der sich der Mensch auf Gott ausrichtet, auf sein Ende. Weil Menschen in diesem Lebensabschnitt in ihrem Bewusstsein einen Bogen vom Anfang zum Ende und vom Diesseits zum Jenseits schlagen, können die Jüngeren viel von ihnen lernen. Alte Menschen wissen mehr als sie von der Einheit alles Lebendigen und dass alles Leben sich vor Gott verantworten muss.

Wenn die Kommunikation zwischen diesen unterschiedlichen Kräften misslingt, wenn kein wechselseitiger Respekt und keine wechselseitige Achtung vorherrschen, dann mangelt es in einer Gesellschaft an Weisheit. Dann entstehen Leitbilder, die die Gesellschaft in ein gefährliches Ungleichgewicht bringen – so wie dies inzwischen in Deutschland und den westlichen Industrieländern der Fall ist und wie es als »Western Way of Living« inzwischen die ganze Welt in Mitleidenschaft zieht.

Der Schlüssel für eine Änderung ist also auch hier eine Haltung der Wertschätzung für die Unterschiedlichkeit der Kräfte, die zusammen erst ein Ganzes und eine Einheit bilden. Metaphorisch gesprochen: Eine Gesellschaft, in der die »Frühlingskräfte« und die »Sommerkräfte« hochgehalten, die »Herbst-« und »Winterkräfte« aber abgewertet werden, kann erst wieder in ein Gleichgewicht gebracht werden, wenn den missachteten Kräften wertschätzend Raum gegeben wird. Konkreter: Das Wissen muss gestärkt werden, dass das Leben bestimmte Wachstumsbedingungen einfordert. Werden, Sein, Vergehen und Regeneration müssen zusammenspielen. Die Natur führt es uns schließlich unmissverständlich vor Augen: Jedes Leben hat eine Zeit des Entstehens, des Werdens, des Seins in voller Blüte, eine Zeit des Vergehens und eine Zeit, in der die Natur ruht. Früchte lassen sich nur ernten, wenn sie reifen dürfen, wenn der Boden ihrem Wachstum genug Nahrung gibt und wenn die Natur sich erholen kann. So brauchen auch Kinder einen Raum, in dem sie leben, wachsen und sich entwickeln dürfen. Alte Menschen brauchen einen Raum, in dem sie ruhen und sich auf spirituelle Fragen ausrichten dürfen. Und Menschen in der Lebensmitte, die Verantwortung tragen, müssen sich von der spirituellen Weisheit der Alten und den Wachstumserfordernissen der Jugend inspirieren lassen, damit sie nicht unweise Entscheidungen treffen. Es gilt, Zyklen des Werdens und Vergehens wiederzuentdecken und die Bedingungen zu erkennen, unter denen Leben weitergegeben werden kann.

Das Wissen um die Zyklen der Natur war schon immer ein Wissen der (weisen) Frauen. Frauen erlernen und erwerben es durch ihren eigenen Körper: die monatlichen Menstruationszyklen, das Spüren und Erfahren, wenn neues Leben in ihrem Körper entsteht, der Übergang zur Menopause, die gelebte Verantwortung für Alte und Sterbende – all dies verhilft Frauen zu einer Weisheit, die die Gesetze des Lebens kennt. Nicht ohne Grund ist Sophia, die Weisheit, mythologisch eine Frau.

Dieses zum Teil intuitive Wissen der Frauen steht heute nicht hoch im Kurs – auch nicht bei den Frauen selbst. Dank Hormonen werden die Regelzyklen unterbunden oder kontrolliert, Schwangerschaften werden zu Ausnahmezeiten, die einem technischen Monitoring unterliegen, die Menopause wird hinausgezögert oder verhindert und die Verantwortung für Alte und Sterbende an gesellschaftliche Institutionen delegiert. Die eher weibliche Haltung der Achtsamkeit gegenüber Prozessen des Werdens und Vergehens ist von der eher männlichen Haltung des Machens überlagert worden. Prozesse des Werdens, Wachsens und Reifens haben damit schwere Bedingungen.

Das sind keine günstigen Voraussetzungen, um wieder Frieden zwischen den Generationen herzustellen. Doch die fast ausweglose Lage, in die wir uns gesellschaftlich hineinmanövriert haben, hat ihr Gutes. Sie zeigt die Richtung, aus der Frieden zwischen den Generationen erwachsen kann. Die Zeit ist reif dafür, dass Frauen sich wieder auf das Wissen ihres Geschlechts besinnen, es wertschätzen und es in den gesellschaftlichen Dialog einbringen. Die Zeit ist ebenso reif dafür, dass Männer die Tendenz zur Entwertung von Sichtweisen, die dem femininen Bewusstsein entsprechen, aufgeben. Frauen wertschätzend zuzuhören, kann Männern helfen, ihre Verantwortung in der Gesellschaft besser wahrzunehmen und Verhältnisse zu schaffen, die das wechselseitige Lernen der Generationen und den Frieden zwischen ihnen befördern.

Frieden zwischen den Generationen in der Praxis

Der Tag der alten Ehepaare (Indien)

Während ich diesen Abschnitt schreibe – ich bin in Indien – laufen die Vorbereitungen für ein besonderes Fest im Ashram von Puttaparthi[27] auf vollen Touren. Das Jahr 2005 hat Sri

Sathya Sai Baba, der große spirituelle Lehrer, der dem Ashram vorsteht, den Alten gewidmet. Nun wird zum ersten Mal ein Fest zu Ehren älterer Ehepaare veranstaltet; insgesamt sind es 280 aus ganz Indien. Eingeladen sind Paare, deren Eheschließung 50 Jahre und mehr zurückliegt. Mit der Feier am folgenden Tag soll die Hochzeit noch einmal bestätigt werden. Nun sitzen sie auf langen Stuhlreihen in der Tempelvorhalle, die Männer auf der einen Seite, die Frauen auf der anderen Seite, wie dies im Ashram üblich ist. Am Vorabend der großen Feiern werden Geschenke verteilt: Die Männer erhalten edle Dhotis, das klassische indische Männergewand, ein Tuch, das um die Lenden gewickelt wird. Die Frauen bekommen kostbare weinrote Saris, eine Rose, klassische Ohrstecker und silberne Fußketten. Ich sehe, wie junge Studentinnen wie Vogelschwärme durch die Stuhlreihen wandern und den alten Frauen helfen, den Schmuck in die Ohrlöcher zu stecken. Außerdem erhalten Männer und Frauen rituelle Gegenstände, die sie als Braut und Bräutigam ausweisen: Girlanden und Stirnembleme, die sich jeweils bei den Geschlechtern unterscheiden. Es geht zu wie in einem summenden Bienenschwarm. Alle sind freudig erregt.

Am nächsten Tag erfahre ich, dass die Studenten und Studentinnen es als eine besondere Herausforderung und Ehre erleben, in dieser Weise der älteren Generation dienen zu dürfen. Es ist auch für sie eine neue Form des Dienstes am Nächsten – des Seva, wie es hier heißt. Ich stehe außerhalb des Tempels, habe jedoch durch einen Blick ins Innere entdecken können, dass die Plätze für die alten Menschen über Nacht in regelrechte Throne verwandelt wurden. Nun erwarten wir sie. Sie haben sich außerhalb des Ashrams in einer Hochzeitshalle versammelt und die Prozession führt quer durch den Ort. Die Straße ist prächtig mit kunstvollen Bodendekorationen geschmückt, wie sie hier in Indien an hohen Feiertagen üblich sind. Dann geschieht etwas sehr Ungewöhnliches. Sathya Sai Baba, der in Indien und in der Welt als Heiliger und Avatar verehrt wird, ist üblicherweise der Letzte, der den Tempel betritt, wo alle schweigend auf ihn warten. Dieses Mal ist es anders: Er selbst ist es, der die Prozession der alten Paare auf der Veranda erwartet. Es ist, als wolle er in aller Deutlichkeit zeigen, dass alte Menschen und die alten Ehepaare geehrt werden sollen.

Und da kommen sie: Voran die Priester, begleitet von Hornbläsern. Ihre Rezitation der Veden wird ergänzt durch eine Gruppe junger Brahmanen, die in rote Gewänder gekleidet gleichfalls Mantren singen. Eine rituell gekleidete Gruppe von Musikern mit Trommeln folgt. Dann kommt die Blaskapelle der Studentinnen aus dem College von Ananthapur; daran schließen sich bunt gewandete Tänzer und Tänzerinnen an, die mit rhythmischen Bewegungen Freude und Anmut verbreiten. Und nun die Paare selbst: die Frauen in die prachtvollen Saris gehüllt, geschmückt mit dem neuen Schmuck, Girlanden um den Hals und das Zeichen der Braut auf der Stirn. Die Männer gewandet in ihre cremefarbenen Dhotis, auch sie geschmückt mit Girlanden und dem Zeichen ihres Status als Bräutigam auf der Stirn. Jedes der Paare wird von mindestens einer Studentin begleitet, die ihnen hilft und sie stützt. Sie kommen aus allen Schichten der Bevölkerung, ärmste Menschen vom Land, denen man die harte Arbeit unter der Sonne ansieht; Menschen, die vergeistigte Gesichter haben, und Menschen, die in Gesicht und Körperhaltung ein Leben ausdrücken, das von öffentlicher Wirksamkeit und Aktivität gekennzeichnet war. Die einen kommen mit schleppendem Gang, unterstützt vom Stock oder Gehkrücken, viele sind auf den Rollstuhl angewiesen, andere sind noch rüstig und gut zu Fuß. Welche Geschichten von Partnerschaften und gemeinsam gelebtem Leben gehen dort vorbei! Welche Aufs und Abs mögen sie gemeinsam durchlebt haben!

Nun ziehen sie in die Tempelhalle ein, werden – was hier ganz ungewöhnlich ist – als Paare gesetzt und harren der Zeremonie, die kommt. Eine Puja, eine rituelle Opferhandlung für Gott, wird gemeinsam unter Anleitung eines Priesters vollzogen. Mit diesem Ritual wird erneut ihre Ehe bestätigt. Viele der Ashrambesucher haben keinen Platz mehr in der Vorhalle des Tempels gefunden, die in normalen Zeiten mehr als 20 000 Menschen fasst. So auch ich. Die Menschen hängen wie Trauben an den Gittern. Sie beobachten, freuen sich mit, sind aufgeregt und enthusiastisch in dem Versuch, keinen Moment dieser großen Ehrung und Würdigung der älteren Menschen in ihrem Kreis zu versäumen. Gesänge, Reden und weitere Rituale runden das Ganze ab, bis die eigentliche Feier mit einer erneuten Prozession und anschließender Einladung zum Essen endet.

Auch bei uns kennt man die silberne, goldene und diamantene Hochzeit. Doch hier gibt es einige besondere Momente. Zum einen: Mit der Feier richtet sich das Paar auf Gott aus. Im Zentrum der Handlungen steht daher die Puja, also eine rituelle Opferhandlung zu Ehren Gottes. Sodann ist es eine gemeinschaftliche Feier, nicht nur die Feier eines einzelnen Paares. Hier ehrt eine Gemeinschaft einen wichtigen Teil des ganzen Kollektivs: Es geht darum, in aller Öffentlichkeit der letzten Lebensphase im Leben der Gemeinschaft einen angemessenen Raum zu geben. Und schließlich berührt die Entschiedenheit, mit der das Fest als eine Begegnung der Generationen inszeniert wird. Junge Menschen machen es sich zur Aufgabe, die alten Menschen zu ehren und durch diesen Tag zu begleiten. Wechselseitige Anerkennung, Achtung und Respekt werden sichtbar, erlebbar und fühlbar. Es ist die nachwachsende Generation, die den alten Menschen die Fürsorge entgegenbringt, die die Jungen selbst erfahren durften, als sie aufwuchsen. Alle sind berührt und freudig erregt über dieses besondere Ereignis, das in aller Öffentlichkeit und unter größter Beteiligung der Bewohner des Ashrams und des Ortes stattfindet.

Ein generationenübergreifendes Netzwerk nutzen

Das zweite Beispiel führt zurück nach Deutschland: Ich mache eine Forschungsarbeit über die Frage, wie Frauen – Mütter – mit dem dramatisch erweiterten Medienangebot umgehen und wie sie es in der Erziehung mit dem Medienkonsum ihrer Kinder halten. Dabei stoße ich bei den Frauen auf sehr viel Sorge, weil der Medienkonsum der Kinder, insbesondere, wenn sie selbst berufstätig sind oder sein müssen, nicht mehr steuerbar ist. In mehreren der von mir untersuchten Fälle sind die Kinder fernsehsüchtig. In ihrer Not greift eine der Mütter auf das generationenübergreifende Netzwerk zurück. Sie zieht mit der Familie um und zwar in die Nähe ihrer Mutter. Fortan wird das Kind, während die Mutter arbeitet, von der Großmutter betreut. Allmählich bessert sich dessen Fernsehsucht.[28]

Das Beispiel aus Deutschland unterstreicht die Not, in die viele junge Familien und Mütter durch eine Lebensweise gekommen sind, die den Zusammenhalt zwischen den Generationen zerschnitten hat. Junge Frauen sind heute in aller

Regel berufstätig; sie können aber nicht mehr selbstverständlich auf öffentliche oder private Netzwerke zurückgreifen, um ihren Kindern eine angemessene Betreuung zu geben. Der Fernseher wird damit oft zum Babysitter, gewollt oder ungewollt. So entwickeln sich Abhängigkeiten und Süchte, die irgendwann – z.B. wenn die Familie gemeinsam in Ferien fährt – sichtbar werden. Eine Hilfe ist dann zum Teil nur noch möglich, indem der Kontakt zwischen den Generationen wieder hergestellt und gepflegt wird.

Was hier als Einzelfall erscheint, könnte jedoch an Breite und Wirksamkeit gewinnen. Denkbar sind durchaus kleine Netzwerke, in denen »Großmütter« unterstützend tätig werden, auch dort, wo die eigenen Nachkommen nicht vor Ort leben.

Senior Coaching

Kein Land der Welt leistet sich so viele Menschen im Vorruhestand wie die Bundesrepublik. Der Anteil der Menschen, die über 60 Jahre alt und noch berufstätig sind, liegt in Deutschland bei nur 31% (Männer) bzw. 15,9% (Frauen).[29] In anderen Ländern wie z.B. in Spanien, der Schweiz, USA und Skandinavien liegt dieser Anteil hingegen bei ca. 70% (Männer/Frauen). Dies führt dazu, dass bei uns wertvolles Know-how brachliegt. Um es dennoch der Gesellschaft verfügbar zu machen, hat man in NRW das Projekt »Senior Coaching«[30] initiiert, in dem ehemalige oder auch noch aktive ältere Unternehmer und Führungskräfte jungen Start-up-Firmen und ihren Gründern ihr Know-how zur Verfügung stellen. Vielfach sind dies heute Führungskräfte, die vorzeitig aus dem aktiven Berufsleben ausscheiden mussten. Sie übernehmen diese Coachingaufgabe offensichtlich mit Freude, Engagement und Erfolg. Sie treten auf Messen auf, machen auf sich aufmerksam und bieten zum Selbstkostenpreis Beratungsleistungen an, die junge Firmen aus Kostengründen sonst nicht in Anspruch nehmen könnten.

Dieses Beispiel ist nur klein und dennoch zeigt sich hier, wie die unglaubliche kollektive Vergeudung kostbarer menschlicher Ressourcen beendet und das Wissen einer ganzen Generation wieder erschlossen werden könnte. Im Bild des Wisdom Circle gesprochen:[31] Es geht kollektiv darum, der Fähigkeit zur Maintenance, zum sinnvollen Pflegen und Erhalten der Dinge, einen angemessenen Raum zu verschaffen. Indem wir das Wissen von Menschen im fortgeschrittenen Lebensalter würdigen, können wir Zugang zum Wissen und zur Weisheit derer gewinnen, die in ihrem Leben bereits erfahren haben, was nachhaltig trägt und was vermutlich nicht mehr als eine kurze Modeerscheinung sein wird.

Patenschaften übernehmen

Ein anderes Programm ist die »Ausbildungspatenschaft« der Initiative »Arbeit in Essen« (NRW).[32] Jugendliche haben heute ungeheure Schwierigkeiten, auf dem Arbeitsmarkt unterzukommen. Deswegen erklären sich Paten und Patinnen bereit, einzelne Jugendliche unter ihre Fittiche zu nehmen und sie gezielt zu unterstützen. Diese Maßnahme bezieht sich besonders auf benachteiligte Jugendliche.

Dieses Beispiel greift den Gedanken des Mentoring auf. Beim Mentoring unterstützen Menschen mit einem Mehr an professioneller Erfahrung und Wissen jüngere Menschen auf ihrem Weg in Ausbildung, Beruf und Karriere. Mentoring-Programme werden heute in Bildungseinrichtungen (z.B. Meduse[33] an der Universität Duisburg-Essen) und in Firmen mit viel Erfolg eingerichtet. Beim Verein »Paten für Arbeit in Essen« handelt es sich um ein Mentoring-Programm, das den gesellschaftlich Schwächsten, d.h. den auf dem Arbeitsmarkt nur schwer Vermittelbaren, zugute kommen soll. Auch hier geht es um eine wechselseitige Wertschätzung zwischen den Generationen.

Generationenübergreifendes Wohnen

Das letzte Beispiel betrifft den Bereich des generationenübergreifenden Wohnens. Derartige Wohnformen knüpfen an alte Frauentraditionen an, die in der Gegenwart neu an Gewicht gewinnen. Heute leben immer mehr Frauen aller Altersstufen allein oder mit ihren Kindern. Sie sind nicht mehr eingebunden in einen Familienzusammenhalt oder in die generationenübergreifenden Netzwerke von Männern und Frauen. Die Beginenhöfe mit ihrem generationenübergreifenden Konzept können auf diese Notsituation eine angemessene Antwort geben.

Die Beginenbewegung erlebt derzeit in der ganzen Bundesrepublik eine Renaissance. Sie geht auf die ältere Beginenbewegung seit dem 12. Jahrhundert zurück, als es zur Ansiedlung von Beginenhöfen in ganz Mitteleuropa, vor allem in Flandern, kam. In diesen selbstständigen Hofanlagen

Beginenhof in Brügge/Belgien.

lebten weltliche Frauen verschiedener Altersgruppen auf Zeit. Sie übernahmen sozial-karitative Tätigkeiten. Heute versucht man an vielen Orten neue Beginenhöfe zu gründen, so auch im Ruhrgebiet. Dabei will man gezielt die Generationen mischen. Junge Frauen – auch mit Kindern – sollen hier ebenso einen Lebensraum finden wie ältere Frauen. Im lebendigen Miteinander sollen sich die unterschiedlichen Kräfte, Fähigkeiten und Möglichkeiten von Frauen aus verschiedenen Lebensaltern wechselseitig ergänzen und anregen.[34]

Die fünf Beispiele für einen wertschätzenderen Umgang zwischen den Generationen sind nur ein Anfang. Doch sie zeigen, worum es hier geht: darum, dass wir das Wissen und Können von Menschen jeder Altersgruppe wertzuschätzen lernen, und um Respekt vor ihren unterschiedlichen Anliegen, Erfahrungen und Sichtweisen. Solche Beispiele sind Ausdruck von Weisheit, weil sie beherzigen, dass wir gesellschaftlich nur gesunden können, wenn wir das Leben in seiner Gänze in den Raum unserer Achtsamkeit nehmen: von der Jugend bis zum hohen Alter, von der Wiege bis zur Bahre.

Leiden, Krankheit und Tod einen Platz im Leben geben

Leiden, Krankheit und Tod als Chance

Als ich vor rund 30 Jahren auf meiner linken Seite eine Gesichtslähmung bekam, verlor ich die Kontrolle über mein Gesicht. Ich brauchte fünf Jahre, bis ich die Krankheit als meine akzeptierte und mir wieder erlaubte zu lachen, egal wie schief der Mund dabei auch sein mochte. Als ich später im Rahmen einer Ausbildung gefragt wurde, für welchen Körperteil ich am dankbarsten sei, antwortete ich: für mein Gesicht, denn es hat mich sehr viel über mich und meinen Umgang mit mir gelehrt.

Glück, Wohlstand und Erfolg wertzuschätzen, fällt nicht schwer. Anders sieht es aus mit Leiden, Krankheit und Tod. Gerade die tief greifenden Erfahrungen des Schmerzes, des Verlustes und der Ohnmacht fordern uns in besonderem Maße, wenn wir eine Haltung der Wertschätzung entwickeln wollen. Krankheiten, unsere eigenen oder die von anderen, sind oftmals unerbittliche Lehrmeister. Sie konfrontieren uns mit der Wirklichkeit, die wir nur zu leicht meinen, unter Kontrolle zu haben. Insofern haben sie dieselbe Wirkung wie der Verlust geliebter Beziehungspartner, der Verlust von öffentlichem Ansehen, der Verlust sozialer oder ökonomischer Sicherheit. Doch sie bringen nicht nur Verlust, sie bringen auch etwas ganz anderes: seelisches Wachstum.

Krisen wie die vorgenannten nennt man auch die »Nullen« auf dem Weg der Persönlichkeitsentwicklung und des geistig-spirituellen Wachstums. Sie fordern uns auf und heraus, uns selbst und unsere Mitwelt neu zu sehen und zu begreifen. Indem sich alte Sicherheiten auflösen, eröffnen sie die Chance, Sicherheit aus einer anderen Quelle zu gewinnen, aus der inneren, nicht der äußeren Sicherheit. In diesen Krisen geht es darum, einen neuen Stand-Punkt in der Welt und vor sich selbst zu finden. »Nullen« sind insofern – ob wir es wollen oder nicht – Wachstumschancen. Sie helfen, unsere Spatzenperspektive zu erweitern, geben den Blick auf größere Räume des Menschseins frei. Gut genutzt, helfen sie, Toleranz und Demut zu entwickeln, unsere Kräfte unter widrigen

Umständen zu erproben, uns innerlich frei zu machen von falschen Gewissheiten und unser Bewusstsein zu erweitern. Und last but not least: Sie fordern uns zu der Einsicht auf, dass wir unser Leben nicht allein meistern können. Dies kann eine äußerst schmerzliche Einsicht sein angesichts einer hyper-individualisierten Gesellschaft, in der jede und jeder meint, das eigene Leben managen zu müssen bzw. managen zu können. Sie konfrontieren uns mit dem Schatten der vermeintlichen Allmacht: mit der Ohnmacht.

Eine Spaltung in Allmachtswahn und Ohnmachtsbewusstsein lässt sich jedoch überwinden. Jenseits von Allmacht und Ohnmacht gibt es die Ermächtigung, genauer: die Selbstermächtigung, noch genauer: die Ermächtigung aus dem Selbst. In der Haltung der Allmacht leugne ich Schmerz, Leiden, Ohnmacht. In der Haltung der Ohnmacht leugne ich Macht und Gestaltungsmöglichkeit. Bin ich in einem der beiden Pole gefangen, so habe ich entweder ein unrealistisches Bild meiner Macht oder das unangemessene Gefühl von Ohnmacht. Anders ist es, wenn ich die Wirklichkeit des Leidens und der Vergänglichkeit annehme, ohne sie zu bekämpfen. Dann werde ich frei, meine Gestaltungskräfte im Rahmen des Möglichen einzusetzen, um die Situation so gut wie möglich zu machen: für meine Lieben, für die mir Anvertrauten, für mich selbst. Gut heißt hier: Ich lade in mein Leben Selbstverantwortung, Lachen, Freude, Hingabe, Kreativität, emotionale Verbundenheit, Vergebung ein – trotz und gerade aufgrund von Leid und Schmerz.

Große Lebenskrisen, Krankheit, Leiden, Sterben und Tod sind also Herausforderungen, seelisch zu wachsen, das Bewusstsein zu erweitern und die eigene Liebeskraft zu entwickeln. Die Liebe zum Leben wird erst kraftvoll, wenn wir um das Auf und Ab und die Endlichkeit des Lebens, um Tod und Sterben wissen; Akzeptanz und Wertschätzung des Todes werden leichter, wenn wir das Leben riskiert haben und uns der Unsterblichkeit der Seele bewusst sind. Unsere Kraft zur Gelassenheit wächst, wenn wir uns aus dem Gefängnis eines Menschen- und Weltbildes befreien, das Leben mit Materie gleichsetzt. Der Mensch ist nicht nur von dieser Welt, er ist »Bürger zweier Welten«.[35] Indem wir uns für den transpersonalen Raum öffnen, den Raum, der über unsere personalen Grenzen hinausreicht, wird das, was unser Herz beschwert und belastet, weniger wichtig: Es erscheint nun in einem Bezugsrahmen, der Angst und Krisen als Wachstumschancen begreift. Ihnen mit Wertschätzung zu begegnen, erlaubt jedem Einzelnen von uns, an Wissen, Verstehen und Weisheit auf dem Weg zu einem immer volleren Menschsein zu wachsen.

Die Kraft des Herzens

Ein amerikanisches Forscherteam hat über viele Jahre den Zusammenhang von Gedankenkräften und Gesundheit untersucht, wobei sie einen besonderen Focus auf die Herzkräfte gelenkt haben.[36] Dabei zeigte sich Erstaunliches: Wenn Menschen aufhören, gegen das Unerwünschte und Leidbringende anzukämpfen, ist der erste Schritt zur Gesundung bereits getan. In der Sprache dieses Buches würde es heißen: Heilung beginnt, wenn wir – auch und gerade in der Not – lernen, das wertzuschätzen, was ist. Statt dass Gedanken und Gefühle miteinander streiten, verhilft eine solche Haltung zur inneren Ruhe und Gelassenheit. Damit werden Kräfte frei, die der Körper zur Gesundung braucht. Wie das amerikanische Forscherteam herausfand, übernimmt dann das Herz als der wichtigste Rhythmusgeber im Körper ungestört seine Funktion und kann sämtlichen Körperrhythmen zu der für eine Heilung notwendigen Kohärenz verhelfen. Wenn hingegen die Gedanken oder das Unbewusste gegen das Leid revoltieren, ist dieser Selbstheilungsprozess gestört. Die Forscher nennen drei Kraftspender des Herzens:

1. Wertschätzung
2. Nicht-Bewerten
3. Vergebung

Doch wie sie betonen, ist eine solche Haltung nur mit Aufrichtigkeit möglich. Das Herz lässt sich nicht durch Verdrängung und Abspaltung – absichtlich oder unabsichtlich – betrügen. Als Ausdruck des Göttlichen in uns ist es reine Liebe. Vereinen wir uns mit dieser Kraft, so werden seelische und körperliche Schmerzen gelindert und ungeahnte Kräfte der Selbstheilung freigesetzt.

Leiden, Krankheit und Tod den Schrecken nehmen

Von der Querschnittslähmung zum Botschafter eines anderen Heilens

Ein eindrückliches Beispiel dieser Art schildert Clemens Kuby in seinem autobiographischen Buch *Unterwegs in die nächste Dimension.*[37] Nachdem er aus dem fünfzehnten Stock gefallen war und die Ärzte eine totale Querschnittslähmung diagnostiziert hatten, fand er sich wieder in einem Streckbett. Seine

Lage war hoffnungslos. Jede kleinste Bewegung, jede Unruhe des Gemüts, die sich in Muskelspannungen übersetzte, verursachte höllische Schmerzen. Alle drei Stunden wurde er vom Bauch auf den Rücken und vom Rücken auf den Bauch gedreht, um ein Wundliegen zu vermeiden.

In dieser aussichtslosen Lage entwickelt er, im Gegensatz zu seinen Leidensgenossen, eine Haltung völliger Gelassenheit und Ruhe. Für ihn war es die einzige Möglichkeit, die mörderischen Schmerzen zu vermeiden. Es ist eine Phase der Meditation, eine Phase, in der er, wie er selbst sagt, seiner Seele zuhört, ja, zuhören muss. Er begreift schließlich, dass es darum geht, zu einer grundlegend anderen Sicht der Dinge zu kommen, und dass ihm dies nur gelingen kann, wenn er ein Land findet, in dem es »keine Straßen, keinen Tourismus, keinen Zucker und kein Radio« gibt. Kurze Zeit später wird er von einem Freund auf Ladakh im Himalaja verwiesen. Dies ist, wie er rückblickend erkennt, der Moment, in dem die Selbstheilung ihren Anfang nimmt. Einige Monate später kann er auf eigenen Füßen die Klinik verlassen. Seine Suchreise beginnt. Sie führt ihn nach Ladakh, Tibet, Lateinamerika, die Philippinen und in viele andere Länder. Was er findet: den Zusammenhang von Körper, Seele und Geist sowie das Verständnis, dass jede Heilung auf der geistigen Ebene beginnt. Seine Filme und Bücher erreichen inzwischen Millionen von Menschen, die seine Botschaften begierig aufgreifen. Was sie von ihm lernen können: Als er seine Situation annimmt, seiner Seele zuhört und ihren Wunsch ernst nimmt, werden unglaubliche (Selbst-)Heilungskräfte frei. Das Wunder der Heilung einer Querschnittslähmung wird möglich, weil er den tiefsten Sehnsüchten seiner Seele folgt.

Ein gelassenes Sterben

Meine Mutter Irmgard v.Meibom war eine bedeutende Frau – auch noch in ihren letzten Momenten. Sie lag seit einigen Tagen auf der Intensivstation. Die Nieren versagten, doch die Ärzte meinten, sie würde sich noch einmal erholen. Wir wussten es besser, kannten wir sie doch gut genug. Sie sah ihr Leben als abgeschlossen an. Das stand auch nicht im Widerspruch dazu, dass ich sie noch einen Tag vor ihrem Tod auf der Intensivstation mit der Brille auf der Nase entdeckte, die Zeitung neben sich. »Man muss doch wissen, was in der Welt vor sich geht«, so ihre Worte. Am nächsten Tag erreichte mich die Nachricht, dass es zu Ende gehe. Als ich bei ihr ankam, sah ich, dass sie sich innerlich auf der Schwelle wusste. Und – nach einigem Zögern – sagte ich zu ihr: »Du darfst jetzt gehen.« Kurz danach verlor sie das Bewusstsein und wachte nicht mehr auf. Sie hatte in ihren Tod eingewilligt – ebenso wie ich. Das machte ihr und mir den Abschied leicht. Als auf der Beerdigung zahlreiche Menschen, in deren Leben meine Mutter eine wichtige Rolle gespielt hatte, zu mir kamen – vielfach mit Trauer und Schmerz –, konnte ich ihnen guten Gewissens und mit fröhlichem Herzen meine Überzeugung sagen, dass es meiner Mutter in ihrem jetzigen Zustand gut gehe und es keinen Grund zum Kummer gebe.

Woher diese Gelassenheit? Wertschätzen dessen, was ist – auch im Angesicht des Todes eines geliebten Menschen? Ja, dies ist möglich. Für mich ist es möglich vor dem Hintergrund einer Vorstellung von Menschsein, die letztlich in Gott gegründet ist: Gott, das Schöpfungsprinzip, aus dem wir alle hervorgegangen sind, ist ohne Anfang und ohne Ende. Wir sind der göttliche Funke, der sich in einem menschlichen Körper »inkarniert« hat, wörtlich »Fleisch geworden« ist. Unsere Aufgabe auf dieser Erde ist es, zu leben, uns mit der Welt und den Menschen auseinanderzusetzen, unser Bewusstsein und den Raum unserer Liebesfähigkeit zu erweitern und letztlich zu der Liebesquelle, aus der wir hervorgegangen sind, zurückzukehren.

Als Ausdruck Gottes sind auch wir unsterblich, ohne Anfang und ohne Ende. Der Körper ist nicht mehr als ein Kleid, das zu alt geworden ist und das wir mit dem Tod abstreifen dürfen. Mit dem Tod werden wir in ein anderes Leben geboren. Im Bild gesprochen: Der Baum zieht sich im Winter unter die Erde zurück, um im nächsten Jahr wieder neue Ringe zu setzen und zu sprießen. So kehrt auch unsere Seele in den Raum zurück, aus dem sie hervorgegangen ist. Für mich ist es tröstend zu wissen, dass dieser Vorgang sich viele Male wiederholen kann: Wir werden wiedergeboren, bis wir unsere Lektionen auf dieser Erde gelernt haben. Ähnlich sprießt und knospt ein Baum Jahr für Jahr erneut nach der Winterpause, bis er schließlich viele Ringe angesetzt hat und so groß und stark geworden ist, dass sein Lebenszyklus auf dieser Erde endgültig zu Ende gehen kann. Dies zu wissen, gibt mir Gelassenheit angesichts von Tod und Sterben. Ich kann ein zu Ende gehendes Leben als eine wunderbare Chance zu lernen und zu lieben begreifen, und ich kann diese Chance wertschätzend loslassen – egal, wie ein Mensch mit ihr umgegangen ist.

Die Figur des Endes, oder: Die Dinge runden

Der endgültige Abschied vom Leben eines geliebten oder anvertrauten Menschen stellt eine besondere Herausforderung dar. In Anlehnung an den Zeitforscher Karlheinz A. Geißler möchte ich hier von der »Figur des Anfangs« und der »Figur des Endes« sprechen.[38] So wie die Geburt den Anfang markiert, so bedeutet der Tod das Ende: Alpha und Omega. In den großen Religionen finden wir deswegen auch besondere Rituale und Achtsamkeiten an den Schwellen, mehr noch an denen des Todes als an denen der Geburt. Im Katholizismus sind es die Sterbesakramente und die letzte Ölung; in den hinduistischen und buddhistischen Traditionen wird besonderer Wert darauf gelegt, dass der Geist des Menschen im Moment des Todes voll und ganz auf das Absolute ausgerichtet ist, da ihm dies hilft, aus dem Rad der Wiedergeburten erlöst zu werden.

Der moderne Mensch hat das Wissen um die Endlichkeit des Lebens weitgehend aus seinem Bewusstsein verdrängt. Der Tod ruft Angst und Schrecken hervor und wird mit allen medizintechnischen Mitteln bekämpft. Dies hat viel Leid verursacht, Leiden, das aus der Leugnung dessen, was ist, erwächst. Wer zu einer anderen Haltung kommen möchte, kann viel von den großen spirituellen Traditionen lernen: Die erste und wichtigste Botschaft an uns moderne Menschen des Westens ist, dass wir uns Tod und Sterben in einer Haltung der Akzeptanz und Wertschätzung stellen können. Das kann in einer konkreten Situation bedeuten, dass der sterbende Mensch und die ihn Begleitenden noch »Hausaufgaben zu erledigen« haben, dass noch etwas »rund« werden muss.

Inwieweit dies möglich ist, hängt von der Situation ab. Doch Beziehungen zwischen Menschen können sich runden, wenn es gelingt, in dieser besonderen Phase des Übergangs einander wertschätzend zu begegnen. Viele Möglichkeiten hierfür tun sich auf: Fragen, was einem Sterbenden auf der Seele liegt; wichtige, unausgesprochene Wahrheiten in einer Haltung des Mitgefühls ausdrücken; dem Sterbenden verzeihen, ihm Liebe und Mitgefühl zeigen, selbst dann, wenn dies normalerweise schwerfällt; ihn unterstützen, wenn er noch den einen oder anderen Wunsch verwirklichen will und – wohl am schwierigsten – das Leben behindernde innere Bindungen auflösen und loslassen. Dies alles braucht Zeit und Achtsamkeit in unserer hektischen und schnelllebigen Gegenwart.

Der Moment, vor dem Menschen zumeist die tiefste Angst haben, ist der Moment des Todes selbst. Er konfrontiert uns mit unserer eigenen Vergänglichkeit. In der Begleitung von Sterbenden können wir unsere eigene Einstellung zum Tod in diesem Leben überprüfen und unsere Fähigkeit, das Unvermeidliche zu akzeptieren, erweitern. Wie wichtig die richtige Einstellung ist, zeigt die Sterbeforscherin Elisabeth Kübler-Ross,[39] die Tausende von Menschen an der Schwelle des Todes begleitet hat. Um sterben zu können, suchen sich viele Menschen einen Moment, in dem die Angehörigen nicht dabei sind: Sogar kleine Kinder schicken ihre Eltern hinaus. Sie spüren, dass diese – ihre Liebsten – sie nicht loslassen wollen und suchen daher einen Augenblick, in dem sie sich ganz ungestört auf die Geburt in ein anderes Leben konzentrieren können.

Was Sterbende brauchen, ist also eine Haltung der unterstützenden Begleitung: Es geht darum, einen sich vollendenden Lebenszyklus in seiner Schönheit und seiner Begrenztheit anzuerkennen und zu würdigen. Da ist eine Haltung wenig hilfreich, die wir vielfach bei Ärzten, Schwestern und Angehörigen beobachten können: »Bei mir wird nicht gestorben« – so der Ausspruch einer resoluten Krankenschwester. Auch der Arzt, der sich über die Sterbende beugt, ihr kräftig auf die Backe klopft, bis sie die Augen öffnet, und mit lauter Stimme sagt: »Frau X, wie geht es Ihnen?« – prüfend, ob die Person noch bei Bewusstsein ist; oder die Angehörige, die im Schmerz den Sterbenden nicht gehen lassen will: Sie alle zeigen mangelnden Respekt für die »Figur des Endes« und legen eine Haltung an den Tag, die in anderen spirituellen Traditionen undenkbar wäre. Not-wendend für beide Seiten sind Respekt und Achtsamkeit gegenüber einem Geburtsvorgang der Seele, in dem sich die Seele auf das Transpersonale, auf eine andere Existenz ausrichtet und den Körper abstreifen möchte.

Statt die Angst der Lebenden vor dem Tod übermächtig werden zu lassen, statt den Tod unter Kontrolle bringen zu wollen, braucht es also die Bereitschaft der Lebenden, dem Tod einen Platz einzuräumen. Ohne Tod kein Leben, ohne Leben kein Tod. Wenn ein Kind geboren wird, begrüßen wir dies mit Freude, selbst wenn es in ein mühseliges Leben geboren wird. Der Tod ist die Geburt in eine unkörperliche Existenz, die wir gleichermaßen wertschätzen können, selbst wenn wir nicht genau wissen, was sie der Seele bringt. Tod ist insofern Leben.[40]

Ein aktives Leben im Rollstuhl

Monika lebt seit 15 Jahren im Rollstuhl. Sie war mir aufgefallen, weil sie – wann immer ich ihr begegnete – Wärme und Freude um sich verbreitete. Obwohl sie nur mit Mühe sprechen kann, weil die Muskeln nicht mitmachen wollen, gelingt es ihr, Menschen seelisch zu berühren. Inzwischen ist sie über 50 Jahre alt und ihre Krankheit – die Friedreich'sche Ataxie – schreitet Jahr um Jahr voran. Die Nervenzellen können die Impulse immer weniger an die Muskeln weitergeben. So werden Monikas Bewegungsmöglichkeiten von Jahr zu Jahr eingeschränkter. Gehen oder Stehen ist selbst mit Hilfe nicht mehr möglich.

Das heißt aber noch lange nicht, dass Monika auf ein aktives Leben verzichtet. Im Gegenteil, sie könnte für andere ein Vorbild sein: In Deutschland arbeitet sie als Kunsttherapeutin, und in Indien, wohin sie sich jedes Jahr für einige Monate zurückzieht, hat sie eine karitative Organisation mit dem Namen »Helping Eagle Foundation« (Helfender Adler) aufgebaut. Sie ist das Herz und der Financier dieser Organisation.

»Das hat sich so entwickelt!«

Befragt, wie es möglich sei, im Rollstuhl eine karitative Organisation aufzubauen, antwortet sie lächelnd und die eigene Rolle herunterspielend: »Das hat sich so entwickelt.« Der erste Impuls stammte von einem Deutschen mit Namen Horst in dem indischen Ort Puttaparthi. Selbst aus kleinen Verhältnissen stammend, konnte er es nicht ertragen, Kinder zu erleben, die auf der Müllkippe geboren werden, dort leben und dort spielen. Sie kennen nichts anderes. Ihre Eltern erhalten sich am Leben, indem sie den Abfall sortieren. Statt sich in die Situation zu fügen, ergriff Horst die Initiative, sprach mit den »Unberührbaren« und baute kurzerhand mit ihnen zusammen eine Hütte, in der sie fortan – abseits der Müllkippe – eine Bleibe hatten.

Es war also möglich zu helfen, entdeckte Monika. Das faszinierte sie und sie wollte mitmachen. Wo und wie ein Bedarf bestand, das konnte sie mit ihrem Rollstuhl nicht herausfinden. Doch allmählich entwickelte sich ein System der Zusammenarbeit: Während die einen entdeckten, wo Not war, ließ sie sich die Ideen, was zu tun sei, vortragen und veränderte sie mit gesundem Menschenverstand. War ein Haus rein funktional gedacht, dann brachte sie ästhetische und ökologische Überlegungen hinzu. Wo man meinte, nun könne man das Geld mit vollen Händen ausgeben, hielt sie die Hand drauf. Wo kulturelle Differenzen auftraten, versuchte sie mit Einfühlungsvermögen und Geduld eine Linie durchzusetzen, hinter der sie völlig stehen kann:

- Helfen nur dort, wo Not ist und es mit der Kultur vor Ort vereinbar ist;
- Einbetten in die sozialen Strukturen vor Ort;
- langsames Wachstum mit Vorrang auf Infrastrukturmaßnahmen;
- Beachten ökologischer und ästhetischer Gesichtspunkte;
- niedrige laufende Kosten und ein Maximum an Selbstversorgung.

Das sind einige der Prinzipien, an denen sie sich orientiert. Und sie tut dies offensichtlich mit Charme und Unbeirrbarkeit: Ein indischer Manager wird gefunden und ein Buchhalter engagiert. Die Rechnungsbücher werden ihr regelmäßig vorgelegt, nachdem sie erste schlechte Erfahrungen gemacht hat. Jede Ausgabe braucht ihr Okay. Eine Organisation wird gegründet, in die bekannte Persönlichkeiten aus dem Ort und aus dem Bundesstaat eingebunden werden. Und die Dinge entwickeln sich immer weiter.

Finanzen sind nicht alles

Natürlich braucht all das finanzielle Ressourcen. Und diese steuert Monika bei. Ihr Vater, ein Schweizer, hatte ihr bei seinem Tod Aktienpapiere hinterlassen. Nun verwendet sie die Zinsen für die Helping Eagle Foundation. Dass sie selbst als Rollstuhlfahrerin aus Angst um Alter und Zukunft sich ganz anders verhalten könnte, ist ihr fremd. Ihrem Leben einen Sinn zu geben, indem sie hilft, ist ihr wichtiger. Es ist keine immense Summe, doch mit jährlich rund 100.000 € lässt sich viel erreichen. Inzwischen gibt es in Deutschland eine gemeinnützige Gesellschaft, in die man spenden kann, und so wird das Projekt immer mehr von seiner ursprünglichen Initiatorin unabhängig und expandiert weiter.

Was hat Helping Eagle in den ersten fünf Jahren seit seiner Gründung 1999 in Puttaparthi erreicht? Es gibt ein Altenheim für insgesamt 60 alte Frauen und Männer – eine überraschende Entwicklung, wenn man sich den großen Familienzusammenhalt in Indien vergegenwärtigt. Doch der Schein trügt. Die Dürre treibt die Menschen vom Land in die Städte. Die alten Menschen bleiben alleine zurück. Sie brauchen Hilfe. Bei der Bauweise greift die Initiative auf alte indische Prinzipien des Feng-Shui[41] zurück. Zwei Baguas in Ziegelbauweise entstehen, das sind achteckige Bauten mit einem gemeinsamen Speise- und Multifunktionssaal. Damit wird dieses Projekt vorbildhaft. Es belebt alte Bauweisen wieder, die eine hohe Wohnqualität bei niedriger ökologischer Belastung garantieren. Im Gegensatz zu den weit verbreiteten Zementbauten benötigt die Lehmziegeltechnik kaum Wasser (das hier äußerst knapp ist), und sie ist atmungsaktiv, d.h. die Räume sind trotz der drückenden Hitze angenehm klimatisiert. Inzwischen versorgt sich das Altenheim selbst durch einen Gemüsegarten und deckt seinen Milchbedarf durch Kühe. Eine Biokompostanlage sichert die ökologische Abfallverwertung.

Auch eine Armenspeisung betreibt Helping Eagle. Sie hilft den alten Menschen, die bereits so weit aus dem sozialen Netz gefallen sind, dass sie sich nicht mehr in ein Heimleben integrieren lassen. Täglich erhalten sie mittags ihre Tagesration Nahrung und Wasser.

Müllabfuhr, ein in Indien fast überall ungelöstes Problem, ist ein weiteres Projekt. Zwar gibt es in dem Ort eine öffentliche Reinigung auf den wichtigsten Wegen, doch in den Seitenstraßen fehlt jegliche Müllentsorgung. Daher wurden Müllcontainer an verschiedenen Stellen des Ortes aufgestellt. Sie werden täglich von Mitarbeitern geleert und der Inhalt zu einer Müllhalde außerhalb des Ortes gebracht.

Finanziell völlig selbsttragend ist ein Gästehaus mit Toiletten, Duschen und Kochplatz für indische Pilger. Wer in Indien reist, weiß, wie groß die Schwierigkeiten sind, auf dem Land etwas zu finden, was westlichen Standards an Hygiene einigermaßen nahekommt.

Helping Eagle-Müllabfuhr in Puttaparthi

Helping Eagle-Kinderspielplatz

Auch einen Kinderspielplatz hat man gebaut, der sich so großer Beliebtheit erfreut, dass er bereits zu klein geworden ist. Außerdem wurden 42 Schulen in der Umgebung mit Tischen und Stühlen ausgestattet. Drei Schulen wurden neu gestrichen. Eine Schule bekam einen zusätzlichen Klassenraum. Bei einer Schule wurde der Hof überdacht, und eine weitere Schule bekam eine Grundstücksmauer.

Die Liste der geplanten Projekte lässt sich gleichermaßen sehen: ein Bauernhof, um alten ausgedienten Milchkühen das Gnadenbrot zu geben und sie vor dem Schlachten – einer Sünde für Hindus – zu bewahren; ein Biomüllprojekt ... All dies inspiriert und zusammengehalten von einer Frau, die nur wenige Monate im Jahr vor Ort weilt, die seit 15 Jahren permanent auf den Rollstuhl angewiesen ist und deren Kräfte jedes Jahr weniger werden. Wie ist das möglich?

Sucht man eine Antwort darauf, dann findet sie sich in der Haltung, die Monika für sich entwickelt hat. Sie wertschätzt das, was ist. Sie ist dankbar für das Leben, das sie leben darf, und sie möchte den Frieden und die Liebe, die sie selbst erfährt, an andere weitergeben. Statt ihre Kraft mit Hadern und Lamentieren zu vergeuden, richtet sie sie ganz auf das aus, was sie mit ihren begrenzten Möglichkeiten zu erreichen vermag.

Dass sie dafür etwas Geld zur Verfügung hat, ist wichtig, aber sicherlich nicht das Wichtigste. Geld haben viele Menschen. Doch sie hat noch mehr. Mit ihrem Leiden hat sie einen Platz mitten im Leben gefunden. Es ist ein Platz, der nicht nur für ihre eigenen Ziele da ist, sondern von dem aus sie anderen hilft, selbst zu einem würdigeren Leben zu kommen. Auch hier ist der Schlüssel, dass sie das Unvermeidliche mit dem Herzen angenommen hat. Daraus erwachsen Kraft, Zuversicht und die Stärke.

Mutmacher

Suchen Sie nach »Juwelen«, einem wichtigen Instrument aus der sog. »Wertschätzenden Befragung« (Appreciative Inquiry, AI). Juwelen sind Erfahrungen, bei denen Sie Ihre tiefe Sehnsucht bereits gelebt haben.

Wann und wo haben Sie Erfahrungen gemacht, bei denen Sie

- mit Ihrer eigenen Lebensvision wertschätzend umgegangen sind?
- anderen mit mehr Wertschätzung begegnet sind?
- im Kontakt mit dem anderen Geschlecht Respekt und Achtsamkeit gezeigt haben?
- offen waren, von anderen Generationen zu lernen oder etwas an sie weiterzugeben?
- Krankheit, Leiden und Tod als etwas Sinnhaftes und für Sie Wichtiges erlebt haben?

Prüfen Sie,

- was das Besondere an diesen Erfahrungen für Sie und andere war,
- wie sich diese Erfahrungen für Sie ausgewirkt haben – im Denken, Fühlen und Handeln,
- ob Sie noch weitere solche Erfahrungen gemacht haben, die Ihnen erst beim zweiten Nachdenken einfallen.

Freuen Sie sich an den kleinen oder größeren Erfolgen und laden Sie weitere in Ihr Leben ein!

Im Umfeld:

- Sammeln Sie Juwelen-Erfahrungen in Ihrem Umfeld und
- diskutieren Sie dort dieselben Fragen.

Freuen Sie sich an diesen Erfahrungen und bringen Sie ihnen das entgegen, was sie ausdrücken: Wertschätzung.

Wertschätzung in der Gesellschaft

Die Menschheit steckt im tiefsten Unfrieden. Verfangen in Egoismen auf allen Ebenen, fehlt allerorts eine Vorstellung davon, dass alles, was existiert, aus einer Quelle stammt und dass wir Menschen darum ein Bewusstsein der Einheit entwickeln sollen und dürfen. Aus dem Bewusstsein von Trennung erwachsen Kampf und Abgrenzung. Aus einem Einheitsbewusstsein erwächst hingegen Wertschätzung für sich und andere. Ich kann mich für das Gegenüber und dessen Anliegen – egal ob es eine Person, Organisation, Nation oder ein Kontinent ist – öffnen und aus einer Haltung der Achtsamkeit darauf reagieren.

Von solcher Haltung der Wertschätzung sind wir weit entfernt. Der 11. September 2001 war das Sichtbarwerden einer Welt im Unfrieden. Die Reaktionen auf die Terroranschläge haben den Unfrieden vertieft statt ihn zu mildern. Wenn wir

Frieden schaffen wollen – auf welcher gesellschaftlichen Ebene auch immer, ob international, national, regional oder lokal –, dann müssen wir aus dem Bewusstsein der Einheit heraus eine Haltung der Wertschätzung entwickeln. Die folgenden Abschnitte beleuchten diese Zusammenhänge exemplarisch anhand einiger Handlungsfelder.

Politik: Vertrauen herstellen, wechselseitige Abhängigkeiten erkennen

Vertrauen durch Wertschätzung

Vertrauen entsteht durch Wertschätzung, bei der eine Reihe von Faktoren zusammenwirken:

- Wenn Menschen das Gefühl gewinnen, mit Respekt und Achtung gesehen und gehört zu werden;
- wenn sie erfahren, dass vitale Lebensbedürfnisse anerkannt werden;
- wenn sie erleben können, dass auf einen Interessenausgleich hingewirkt wird;
- wenn sie erfahren, dass im Umgang miteinander Aufrichtigkeit und Wahrhaftigkeit vorherrschen.

Politisches Handeln ist letztlich ein Dienen an der Gesellschaft. Der aus dem Lateinischen stammende Begriff »Minister« gibt diese Bedeutung noch wieder. Ein Minister ist ein

Diener. Politisches Handeln hat die Aufgabe, die gesellschaftliche Wohlfahrt zu fördern, das Wohlergehen aller zu sichern und ein friedliches Zusammenleben zu gewährleisten. Politisches Handeln in diesem Sinne verantwortet sich vor Gott und den Menschen.

Wo politisches Handeln anfängt, selbstsüchtigen Zwecken zu dienen, verfehlt es seinen Zweck. Dies gilt unabhängig davon, ob die dienende Aufgabe den materiellen Interessen geopfert wird (z.B. durch Bereicherung) oder ob sie von Machtgier und narzisstischen Bedürfnissen vernebelt wird. Solche Politik dient dann nicht mehr dem Gemeinwohl, sondern den Interessen Einzelner. Damit schafft sie Unfrieden statt Frieden.

Politische Eliten sind derzeit – auf welcher Ebene und in welcher Region auch immer – tief verstrickt in einen Missbrauch ihrer Ämter. Jürgen Leinemann hat kürzlich in einem Buch über Politik als Sucht die psychodynamischen Hintergründe dieser Entwicklungen aufgezeigt.[42] Dies unterstreicht einmal mehr, dass eine Änderung der Verhältnisse auf der individuellen Ebene beginnen muss. Wir brauchen Politiker und Politikerinnen, die in der Lage sind, sich selbst Wertschätzung entgegenzubringen, und zwar auf einer tiefen, existenziellen Ebene. Nur dann bringen sie die geistig-emotionale Unabhängigkeit auf, die für ein gemeinwohlorientiertes politisches Handeln erforderlich ist. Ein Mensch, der sich von seinen narzisstischen Bedürfnissen nach Wertschätzung durch andere befreien kann, ist frei, das zu tun, was gesellschaftlich notwendig und Not wendend ist. Er ist unabhängig von der Kritik anderer, weil er sich vor der eigenen Gewissensinstanz verantworten kann.

Politiker und Politikerinnen als Protagonisten ihrer Gesellschaften

Politiker und Politikerinnen sind Protagonisten ihrer jeweiligen Gesellschaften. Aus den gruppentheoretischen Erkenntnissen des Psychodramas weiß man, dass Gruppen immer die Personen zu ihren Protagonisten wählen, welche die wichtigen Themen der Gruppe ausdrücken.[43] Insofern ist es müßig, den Politikern und Politikerinnen die Schuld an dem misslichen Zustand der politischen Verhältnisse in die Schuhe zu schieben. Sie sind meist nicht besser und nicht schlechter als die Gesellschaften, die sie repräsentieren. Insofern richten sich Forderungen an die politische Klasse genauso an uns selbst als Gesellschaftsmitglieder. Es ist wie immer ein wechselseitiges Verhältnis. Eine Gesellschaft, deren Mitglieder einen Haltungswandel vollziehen, wird andere Politiker und Politikerinnen nach vorne bringen und umgekehrt.

Eine Änderung wird immer dann eingeleitet, wenn sich einzelne mutige Menschen aus innerer Überzeugung und Haltung konsequent für eine human verantwortliche Politik einsetzen. Wenn sie dies zu einem Zeitpunkt tun, an dem die Zeit reif ist, weil kollektive Wünsche und Erfahrungen dies unterstützen, dann haben sie eine Chance, sich durchzusetzen.

Solche Menschen erleben wir als Heroen und Vorbilder, an denen wir uns orientieren können. Sie sind – um nochmals die Sprache der Wertschätzenden Befragung aufzugreifen – die »Juwelen«. Ihre Persönlichkeiten und ihr Wirken gilt es wertzuschätzen, weil sie zeigen, in welche Richtung sich Politik entwickeln soll.

Wertschätzung in der politischen Praxis

Politik ist Handeln auf vielen Ebenen, der internationalen, der nationalen, der regionalen, der lokalen Ebene. Jede der Ebenen ist von unterschiedlichen Parametern bestimmt. Doch auf jeder Ebene geht es darum, die partikularen Interessen durch einen Blick auf das Ganze zu harmonisieren. Dies wird möglich, wenn an die Stelle des Freund-Feind-Denkens ein Einheitsbewusstsein tritt. Ich beschränke mich im Folgenden auf herausragende Beispiele auf der internationalen Ebene. Doch eine dialogische, wertschätzende und verständigungsorientierte Haltung lässt sich auch auf der nationalen, regionalen und lokalen Ebene finden.

Die Gründung der Europäischen Gemeinschaft für Kohle und Stahl – Robert Schuman

Mitteleuropa war nach dem Zweiten Weltkrieg ein Trümmerfeld. Das Freund-Feind-Denken des Nationalsozialismus hatte die Welt gespalten, 50 Millionen Menschen den Tod gebracht, unsägliches Leid produziert und die Herzen und Seelen von Menschen vergiftet. Der Morgenthau-Plan der Amerikaner sollte ein Exempel statuieren und Ähnliches für alle Zukunft unmöglich machen: Deutschland sollte deindustrialisiert, d.h. zu einem Agrarland gemacht und damit auf Dauer seiner Machtgrundlagen beraubt werden.

Es gab weitsichtigere Konzepte, die eine Chance bekamen, als die Amerikaner entdeckten, dass sie Deutschland als

Verbündeten gegen den Kommunismus brauchten. Die Kriegsallianz zwischen der Sowjetunion und den USA war rasch an widerstreitenden wirtschaftspolitischen Interessen zerbrochen und aus der Sicht der USA galt es nunmehr, die Grenzen gegen die Sowjetunion zu sichern. Dies erforderte ein starkes Deutschland. In dieser Situation konnten Pläne greifen, die ganz wesentlich auf Robert Schuman zurückgingen: die Pläne zur Bildung einer Europäischen Gemeinschaft für Kohle und Stahl, kurz EGKS genannt. In der EGKS ging es darum, die Rohstoffnutzung der beteiligten Länder – Deutschland, Frankreich, Belgien, Niederlande, Luxemburg, Italien – politisch so zu harmonisieren, dass ein friedlicher und rascher Wiederaufbau Mitteleuropas und damit auch Deutschlands eingeleitet werden konnte. Die Größe dieses Plans lässt sich daran ermessen, dass die beteiligten Nationen soeben erst einen blutigen Krieg gegeneinander geführt hatten.

Der Protagonist dieser Entwicklung war Robert Schuman (1886–1963). Als französischer Außenminister bereitete er 1952 den Weg zur Schaffung der EGKS oder Montanunion. Aus diesen Organisationen sollten 1967 die Europäische Wirtschaftsgemeinschaft und schließlich 1993 die Europäische Union hervorgehen. 1958–1960 wurde er der erste Präsident des Europäischen Parlaments. Zusammen mit Jean Monnet gilt er damit als Gründungsvater der Europäischen Union. Schon nach dem Ersten Weltkrieg, im Angesicht der zunehmenden Feindschaft zwischen Deutschland und Frankreich, hatte in ihm der »Traum eines friedlichen und gemeinsamen Europas« zu wachsen begonnen, aber erst viele Jahre später war sein Umfeld bereit für diese Idee.[44]

Mit der EGKS wurde nicht nur der Grundstein für die späteren Europäischen Gemeinschaften und damit auch für die jetzige Europäische Union gelegt, es war auch der Beginn einer Friedensepoche in Europa, die nunmehr seit 60 Jahren anhält. Sie ist getragen von der Vorstellung, dass Interessengegensätze ihren Ausgleich auf einer höheren Ebene der Vergemeinschaftung finden können. Es war eine Politik, die sich auf Einheit statt auf Gegensätze ausrichtete und damit zwischen den Völkern Europas – nach Jahrhunderten kriegerischer Auseinandersetzungen – einen bis heute tragfähigen Frieden schuf. Im Laufe der Jahrzehnte wurden immer weitere Nationen in diese Gemeinschaft aufgenommen und damit der Raum des friedlichen Miteinanders ausgeweitet. Inzwischen sind es 25 Nationen, die zum Teil gegen den Widerstand der eigenen Bevölkerung einen Interessenausgleich suchen. Ob dies auf Dauer gelingt und ob noch weitere Länder in die Europäische Union aufgenommen werden können, ist ein wichtiger Prüfstein dafür, wie tief sich das Einheitsbewusstsein verankern lässt und wie tragfähig es auf Dauer ist.

Unabhängigkeit Indiens – Mahatma Gandhi

Über Jahrhunderte war Indien britische Kronkolonie. Imperialistische Ausbeutungsstrukturen stellten sicher, dass der Reichtum nach England floss. Das Land blutete allmählich aus und begann seine kulturelle Identität zu verlieren. Dem stellte sich Mahatma Gandhi mit seinem Sathyagraha-Feldzug der Gewaltlosigkeit mit Entschiedenheit entgegen.[45] Fest verwurzelt in der spirituellen indischen Tradition der Gewaltlosigkeit, konnte er die indischen Massen mobilisieren – damals noch rund 300 Millionen Menschen, die vor allem in dörflichen Gemeinschaften auf dem Land lebten. Er tat dies unter Einsatz seines Lebens und trat wiederholt in den Hungerstreik, wenn gewalttätige Kräfte überhandnehmen wollten.

Das Besondere an Gandhis Feldzug war, dass er ihn nicht gegen die Briten unternahm. Er verlor nie das Ziel einer wechselseitigen Verständigung aus den Augen. Er war gegründet in einer Haltung der Achtsamkeit und des Respekts für die Briten und die Menschen in England ebenso wie für sein eigenes Volk. Doch er lehnte die Politik Englands grundsätzlich ab, weil er sie als nicht »dharmisch«, d.h. als nicht rechtschaffen, erkannte. Sie unterdrückte ein Kulturvolk und beutete es aus.

Gandhi hatte mit seinem Feldzug Erfolg, weil er die spirituellen Traditionen seines Landes und seines Volkes verkörperte und damit die Menschen erreichen konnte. Und die Zeit war günstig, da England durch den Kampf gegen Hitler-Deutschland geschwächt war. Als Indien 1947 unabhängig wurde, war der Grundstock gelegt für ein friedliches Zusammenleben von Briten und Indern, das bis heute anhält. Allerdings zeigt die Befreiung Indiens auch eine tief greifende Schattenseite: Mit der Trennung der hinduistischen und muslimischen Bevölkerung und deren Ansiedlung in zwei Staaten – Indien und Pakistan – wurden die Grundlagen für einen anhaltenden Bruderkrieg zwischen zwei Nationen gelegt, der den Weltfrieden bis heute belastet. Gandhi war zutiefst gegen diese Politik, doch fand er damit kein Gehör. Dies zeigt, dass die übergeordnete Friedensstruktur so umfassend angelegt sein muss, dass sie nicht an den Rändern zu neuen Verwerfungen führt. Frieden wird nicht nachhaltig geschaffen, wenn die Wertschätzung dem Brudervolk, nur weil es eine andere Religion praktiziert, vorenthalten wird. Dieses Thema bewegt auch den Nahen Osten.

Verständigung zwischen Israel und Palästina – Anwar el Sadat

Auch Anwar el Sadat, der ermordete ägyptische Staatspräsident, war ein vorbildlicher Verfechter einer wertschätzenden, verständigungsorientierten Politik. Die blutigen Auseinandersetzungen zwischen Israel und Ägypten im Sechs-Tage-Krieg von 1967 hatten die Beziehungen zwischen den beiden Ländern auf einen Tiefpunkt gebracht. Zugleich war damals wie heute sichtbar, dass Frieden im Nahen Osten nur auf Dauer gelingen kann, wenn er zu einem Frieden zwischen Israelis und Palästinensern, zwischen Juden und Muslimen, führt. Unter dem US-amerikanischen Präsidenten Jimmy Carter, der ein Gespür für die Brisanz der Situation hatte, wurden daher entschiedene Anstrengungen unternommen, um eine Verständigung zwischen den beiden ehemaligen Kriegsgegnern zu erreichen. Sie waren nach Camp David eingeladen und Carters Hoffnung war, dass man in der dortigen Klausur zu einer Einigung kommen werde.

Aus Hintergrundberichten kann man rekonstruieren, dass die Verhandlungen auf des Messers Schneide standen und Anwar el Sadat entschlossen war, abzureisen, obwohl man keine Einigung hatte erzielen können.[46] Letztlich war es die ethische Grundhaltung dieses großen Politikers, die ihn über seinen eigenen Schatten springen ließ. Das schier Unmögliche wurde möglich. In Camp David wurde eine Einigung erzielt. Angefeindet von der arabischen Welt hatte Sadat den Mut, sie in der Knesseth, dem israelischen Parlament, zu vertreten. Er brachte dem Kriegsgegner damit Achtung und Wertschätzung entgegen.

Wie wir heute wissen, war seiner Politik auf Dauer kein

Erfolg gegönnt. Sadat wusste um die Notwendigkeit einer Einigung. Er war bereit zu Verständigung und Dialog aus einer Haltung des wechselseitigen Respekts. Damit war er offenbar ein Protagonist, der seiner Zeit und seinen Gesellschaften (zu) weit voraus war. Im Nahen Osten musste seitdem sehr viel Blut fließen. Bei den beteiligten Akteuren und in den Gesellschaften fehlt es offenbar an einem Bewusstsein von der Einheit aller an diesem Bruderkrieg Beteiligten. So gelingt es auch bisher nicht, einen dauerhaften Frieden zu schließen. Und dennoch führt nichts an einer Lösung vorbei, die jenseits der widerstreitenden Interessen angesiedelt ist.

Unabhängigkeit Südafrikas und Aufhebung der Apartheid – Nelson Mandela

Die friedensstiftenden Leistungen Nelson Mandelas sind inzwischen weltweit so anerkannt, dass sie kaum noch der Erwähnung bedürfen. Er hat nicht nur den Friedensnobelpreis erhalten, er gilt auch als eines der großen politischen Vorbilder der Gegenwart.

Wenn er hier dennoch erwähnt werden soll, dann weil er in herausragender Weise zeigt, dass die Transformation ganzer Gesellschaften auf der individuellen Ebene ansetzt. Südafrika war eine britische Kronkolonie, und auch hier gab es Ausbeutungsstrukturen, die den Reichtum Englands und der weißen Eliten in Südafrika sicherten. Der ANC, der African National Congress, lehnte sich dagegen mit militanten Mitteln auf. Nelson Mandela als einer seiner wichtigsten Führer wurde inhaftiert und 26 Jahre (1964–1990) im Gefängnis gehalten, zum Teil in Einzelhaft.

In dieser Zeit wandelte sich Mandela von einem militanten Politiker zu einer reifen Persönlichkeit, die eine Aufhebung der Apartheid und die Unabhängigkeit Südafrikas mit friedlichen Mitteln durchsetzen wollte. Die weltpolitischen Umstände kamen ihm zur Hilfe. Auch Großbritannien konnte sich der Aufhebung des Kolonialismus nicht mehr entziehen – selbst nicht in Südafrika. Ob der Übergang in die nachkoloniale Ära aber mit Gewalt und Blutvergießen oder mit Dialog und Verständigung vonstatten gehen würde, das war durchaus offen.

Es war das persönliche Verdienst und das Geschick Nelson Mandelas, die Weichen für einen friedlichen Dialog zu stellen. Noch im Gefängnis wurde er zur politischen Autorität, an der die Apartheidregierung nicht vorbeikam. Das half ihm, Forderungen zu erheben, die die Richtung für eine friedliche Lösung der Konflikte vorgaben. Als er schließlich zum ersten Präsidenten Südafrikas gewählt wurde, leitete er einen Dialog der Versöhnung ein, der beispielhaft für die Welt wurde. Nelson Mandela zeigte ein Bewusstsein für die Einheit der unterschiedlichen Ethnien und Kulturen in Südafrika. Daraus erwuchs eine Haltung der wechselseitigen Achtung und Wertschätzung. Sie half, Frieden selbst dort zu schaffen, wo über Jahrzehnte und Jahrhunderte blutige Meinungsverschiedenheiten an der Tagesordnung gewesen waren.

Wirtschaft: Business for Life

Die Sinnfrage stellen

Business for Life, so lautete der Titel einer Konferenz im schottischen Findhorn, die im Jahr 1997 stattfand.[47] Gegen zum Teil erheblichen Widerstand hatte John Brierley in der Spirituellen Findhorn Community eine Jahreskonferenz zum Thema »Business for Life: Reawakening Spirit at the Work-Place« (Wirtschaft für das Leben: Wiederbeleben der Spiritualität am Arbeitsplatz) durchgesetzt. Aus allen Ländern und Kontinenten waren die Menschen angereist: Professoren, Unternehmensberater, Trainer, Manager. Ihre gemeinsame Frage war: Wie können wir das Wirtschaftsprojekt der Moderne wieder in Übereinstimmung mit den Notwendigkeiten des Lebens bringen? Dass dies nicht ohne eine Rückbesinnung auf spirituelle Werte möglich war, darin waren sich alle einig, ob sie nun von der Weltbank, von einer Hochschule, einer Beratungsfirma oder aus der Selbstständigkeit kamen.

Inzwischen dringt der Gedanke, dass Spiritualität und Business einander nicht ausschließen, sondern ganz im Gegenteil einander bedingen, immer mehr ins Bewusstsein. Heute ist viel von werteorientiertem Management die Rede. Man sucht nach ethischen Ressourcen und veranstaltet weltweit Konferenzen zum Thema Spirit und Business (Spiritualität und Wirtschaft).[48] Bücher werden in wachsender Zahl publiziert,[49] und Manager ziehen sich in Klöster zurück, um Orientierung in dem heillosen Chaos zu finden, in dem sie derzeit arbeiten müssen. Wer sich dem Thema Spirit und Business öffnet, stellt sich der Frage, wie das Wirtschaftsprojekt der Moderne vom Lebensfeindlichen zum Lebensfördernden gewendet werden kann. Das bedeutet nichts anderes, als dass auch für die Wirtschaft die alten Fragen nach dem Sinn des Lebens auftauchen: Woher kommen wir, wozu sind wir hier, wohin gehen wir? Wirtschaftliches Handeln muss sich ebenso wie individuelles Handeln vor Gott, vor der höchsten Instanz, die uns hervorgebracht hat, verantworten.

Als der berühmte indische Yogi Swami Vivekananda Ende des 19. Jahrhunderts Amerika bereiste und Vorträge über die Veden hielt, empfingen ihn die Menschen mit Stürmen der Begeisterung. Es gelang ihm, ihre Herzen und Köpfe zu erreichen und ihnen die Botschaft zu vermitteln, dass alle Menschen letztlich ein Ausdruck Gottes sind. Die Türen der Großen und Reichen öffneten sich für ihn, so auch die von John D. Rockefeller. Swami Chetananda, der die Vorträge Vivekanandas herausgegeben hat, gibt einen Bericht über die Begegnung zwischen beiden[50]:

»Der Swami gab Rockefeller zu verstehen, dass Gott ihm den Reichtum gegeben habe, damit er anderen helfen und Gutes tun könne. Rockefeller war erzürnt darüber, dass ihm jemand sagen wollte, was er zu tun hätte. Er verließ den Raum, ohne Auf Wiedersehen zu sagen. Aber eine Woche später kam er wieder, um den Swami zu sehen. Er hatte ein Schreiben in der Hand, mit dem er einer öffentlichen Einrichtung eine große Geldsumme spenden wollte. ›So, das wär's‹, sagte er. ›Sie sollten jetzt zufrieden sein und mir dafür danken.‹ Vivekananda las schweigend das Schreiben und sagte dann: ›Sie haben mir zu danken.‹ Dies war Rockefellers erste große Stiftung zum Wohle der Allgemeinheit.«

Diese kleine Geschichte enthält viele Botschaften. Reichtum per se ist nicht schlecht. Er ist eine Ressource, die so oder so genutzt werden kann. Wichtig ist, wie es zu diesem Reichtum kommt und wofür er genutzt wird. Reichtum, Geld hat weder einen Eigenwert noch ist es Selbstzweck. Geld entsteht, indem Menschen sich in Handlungen verwickeln. Diese können rechtschaffen sein oder auch nicht. Rechtschaffen heißt dabei, dass sie aus einer Haltung der Wertschätzung für den Menschen und die natürliche Mitwelt erwachsen. Dies schließt ausbeuterisches Verhalten gegenüber Mensch und Natur aus.

Kathedralen lassen sich nur gemeinsam bauen

In diesem Sinne rechtschaffenes oder ethisch verantwortliches Management trägt der Tatsache Rechnung, dass erst das Zusammenwirken der vielen Einzelnen wirtschaftlichen Gewinn und Erfolg ermöglicht. Dementsprechend gehört der Reichtum nicht allein denjenigen, die über das Geld verfügen. Er muss in die Gemeinschaft derer zurückfließen, die das Geld durch ihr Tun erwirtschaftet haben. Aus einer Haltung der Wertschätzung gegenüber dem Ganzen erwächst daher der Wunsch, Geld für humane Zwecke der Gemeinschaft einzusetzen, statt persönlichen Gewinn für eigennützige Ziele anzuhäufen.

Auf dem 1. Weltkongress für Systemisches Management in Wien im Jahr 2001 hielt Kathleen Forsythe einen Vortrag, in dem sie Organisationen der Wirtschaft mit Kathedralen verglich.[51] Ich möchte diese Metapher aufgreifen: Der Bau einer Kathedrale im Mittelalter war ein Werk zu Gottes Ehren. Er kam zustande durch das Zusammenwirken von vielen. Jede und jeder brachte das eigene Talent ein. Das Zusammenwirken der Kräfte ließ Ungeheures möglich werden. Wer sich die mittelalterlichen Stadtbilder vergegenwärtigt, kann ermessen, dass die Menschen mit diesen Bauten im wahrsten Sinne des Wortes über sich hinauswuchsen. Der Funke wurde zur gemeinsamen Idee, die Idee zur Wirklichkeit. Was dort entstand, diente nicht einem Einzelnen; es diente dem Ganzen; es entstand etwas von herausragender Schönheit und Vollkommenheit. Es erhob die Menschen über sich hinaus.

Die Metapher der Kathedrale kann hilfreich sein, wenn man nach Ansatzpunkten sucht, wohin sich die Wirtschaft entwickeln sollte. Das gegenwärtige globale Wirtschaftssystem ist auf die Ausbeutung von Natur und Menschen, insbesondere Menschen der Dritten Welt angelegt. Die Verteilung der erwirtschafteten Reichtümer kommt wenigen zugute, und diese wiederum konzentrieren sich auf die reichen Industrieländer der nördlichen Hemisphäre und die im Westen sozialisierten Eliten der Entwicklungsländer. Das bedeutet, ein Teil bereichert sich auf Kosten der Allgemeinheit. Das Ganze wurde aus den Augen verloren. Diesem globalen Ausbeutungssystem mangelt es an Wissen um die Einheit alles Lebendigen und an Weisheit. Es ist nicht nachhaltig und auf Dauer nicht überlebensfähig.

Was ihm fehlt, ist das, was eine Kathedrale ausmacht: Die Ausrichtung auf Gott. In der säkularisierten Industriegesellschaft ist das Bewusstsein abhandengekommen, dass alles menschliche Tun sich vor Gott verantworten muss. Das letzte Hemd hat keine Taschen. Wir können nichts mitnehmen, aber wir hinterlassen etwas: die Wirkungen unseres Tuns. Sie überlassen wir den nachfolgenden Generationen, der Natur, der Erde als Ganzes, dem Kosmos. Wer, wie dies mehr als die

Hälfte der Menschheit tut, an das Rad der Wiedergeburten glaubt, weiß überdies, dass die Wirkungen des eigenen Tuns auf mich selbst zurückwirken. Tun wir Gutes, so habe ich nicht nur etwas für meine eigene Seele getan, sondern auch für die Menschen, deren Lebensspanne sich an meine anschließt. Und das sind mehr Menschen als nur die der eigenen Familie. Es ist letztlich die Familie der Menschheit, die Welt der Pflanzen, der Tiere und der Mineralien.

Wenn Menschen (wieder?) anfangen, wirtschaftliches Handeln vor dem Hintergrund der Frage zu prüfen, welcher Beitrag damit zum Wohlergehen des Ganzen geleistet wird, dann ist der erste Schritt zum Bau einer Kathedrale getan. Dann kann etwas entstehen, was über die eigenen Egoismen hinausweist und eine Verbindung zu der Macht herstellt, die alles Leben hervorgebracht hat. Aus solcher Verantwortung ist auch einleuchtend, dass die erwirtschafteten Güter wieder der Allgemeinheit zugutekommen müssen. Sie müssen, wie Vivekananda dies sagt, eingesetzt werden, um anderen zu helfen und Gutes zu tun.

Die ökologischen und ökonomischen Katastrophen, in die sich die Menschheit immer mehr hineinmanövriert, können helfen, die Wertvorstellungen in unseren Köpfen wieder zurechtzurücken. Ein oder mehrere Tsunami von 2004 oder Hurrikans wie Kathrina im Jahr 2005 werden – so schmerzlich sie sind – Folgen für unser Denken haben. Wir werden dazu übergehen, die Grundlagen unserer Existenz wieder wertzuschätzen und mit ihnen achtsamer umzugehen. Wir werden lernen, wieder Frieden mit unserer äußeren Natur zu schließen.

Wenn Menschen Wertschätzung erfahren und man ihnen Vertrauen entgegenbringt, sind sie ungeheuer begeisterungs-, einsatz- und kooperationsfähig. Die spannende Frage ist dann, auf welche Ziele sich die Begeisterungsfähigkeit und Einsatzbereitschaft von Menschen ausrichten. Dies hängt entscheidend von der Führung ab. Sind es rein materielle Ziele, oder können sie vor dem kritischen Maßstab einer Verantwortung vor dem Ganzen bzw. für das Ganze bestehen?

Wir brauchen heute Führungskräfte, die nicht nur Ziele vorgeben, welche der Erwirtschaftung einer hohen Rendite dienen und sich nur am Shareholder Value ausrichten, also dem Wert(zuwachs) für die Anteilseigner. Wir brauchen Führungskräfte, die mutig genug sind, ihre Ziele auf humane und ökologische Werte auszurichten, und dies in der Kooperation mit anderen bewerkstelligen wollen. Statt auf die Interessen der finanziellen Anteilseigner fixiert zu sein, geht es darum, sich an den Interessen aller auszurichten, die von diesem Prozess der Entwicklung, Herstellung und Vermarktung betroffen sind. Aber das allein genügt noch nicht. Wir brauchen Führungskräfte, die bereit sind, ihr Tun vor der eigenen Gewissensinstanz zu überprüfen und von dort aus Verantwortung zu übernehmen. Wenn solche Menschen in Schlüsselpositionen kommen, dann sind wir kollektiv auf dem Weg zu einer Humanisierung unseres Wirtschaftssystems. Humanisierung heißt dabei: Verzicht auf eine Haltung der Ausbeutung von Mensch und Natur und Übergang zu einer Haltung der Wertschätzung, in der wechselseitige Abhängigkeiten erkannt und respektiert werden.

Wertschätzung in der wirtschaftlichen Praxis

Die folgenden Beispiele beleuchten verschiedene Aspekte des Themas. Sie zeigen auf, wie sehr Vertrauen und Wertschätzung Menschen zu hohen Leistungen beflügeln können. Sie lassen aber auch deutlich werden, dass darin eine Möglichkeit des Machtmissbrauchs verborgen ist. Sie zeigen außerdem beispielhaftes Führungsverhalten, welches eine Wertebalance zwischen Wertschätzung und Wertschöpfung herzustellen versucht.[52] Und schließlich berichte ich noch von einem Beispiel, bei dem großer Reichtum für wohltätige Zwecke eingesetzt wurde.

Führungskräfteentwicklung

Im ersten Beispiel geht es um Führungskräfteentwicklung. Ein großer Wohnungsbaukonzern veranstaltet das jährliche Alumnitreffen für seine jungen Führungskräfte. Der Konzern hat schwierige Zeiten hinter sich, denn er soll verkauft werden. Damit der Verkauf profitabel ist, hat man kräftig an der Renditeschraube gedreht: Rationalisierungsmaßnahmen, Entlassungen und die Abstoßung ganzer Unternehmensteile gehören dazu. Der Vorstand hat durchgegriffen. Nun bin ich von der Abteilung Personalentwicklung eingeladen worden, einen Vortrag zum Thema: »Wertschätzung und Wertschöpfung – ein Widerspruch?« zu halten. Die besorgte und indirekt vorgebrachte Anfrage der Personalentwicklerin, ob ich wohl den Vorstand »vorführen«, d.h. deutlich kritisieren werde, kann ich guten Gewissens verneinen. Ich schlage vor, nach dem Vortrag eine kurze Runde der Wertschätzenden Befragung (Appreciative Inquiry oder AI) durchzuführen. Bei der AI geht es darum, die Juwelen in der Organisation aufzuspüren, in denen die gewünschte und erhoffte Zukunft bereits aufblitzt.

Die Energie im Raum zeigt mir, dass der Vortrag auf fruchtbaren Boden gefallen ist. Ich habe viele der Anwesenden erreichen können – junge Führungskräfte im Alter von Mitte bis Ende 30, die ihre ersten großen Karriereschritte gemacht haben. Sie haben jetzt genauere Vorstellungen darüber, was eine wertschätzende Art der Wertschöpfung sein könnte. Nach einer kurzen Pause versammelt sich die Gruppe wieder. Die Vortragsbestuhlung ist in einen Stuhlkreis umgewandelt worden. Auf Hierarchie soll nun bewusst verzichtet werden. Ich moderiere an, indem ich die Teilnehmer und Teilnehmerinnen bitte, sich an ihre herausragendste Erfahrung zu erinnern, bei der sie erlebt haben, wie in ihrem Unternehmen Wertschätzung und Wertschöpfung wirklich zusammenwirkten. Anschließend sollen sie sich in Kleingruppen so darüber austauschen, dass die anderen ihre Begeisterung über das Ereignis spüren und nachvollziehen können. Danach versammeln wir uns wieder im Plenum. Der Vorstandsvorsitzende, gewohnt, das Sagen zu haben, geht in die Mitte, um Wortmeldungen einzuholen. Doch nach kurzer Zeit spürt er, dass jetzt anderes angesagt ist. Er setzt sich und lässt sich darauf ein, zuzuhören ohne einzugreifen.

Und das sind die Geschichten, die sich wie Perlen aneinanderreihen. Mit dem Mikrophon in der Hand werden sie, ohne dass irgendjemand dies anleiten muss, vorgetragen:

- Mir wurde eine schier unmögliche Aufgabe gegeben, doch mein Chef hat mir vertraut, dass ich sie bewältigen könne. Es war für mich eine unglaubliche Erfahrung ...
- Ich stand vor der Notwendigkeit, in kürzester Zeit eine äußerst schwierige Aufgabe lösen zu müssen. Doch meine Kollegen und mein Team haben mir alle Unterstützung geboten, die ich brauchte ...
- Ich hatte eine Mitarbeiterin, die sich nichts zutraute. Doch ich wusste, dass sie mit ein wenig Hilfe meinerseits der neuen Aufgabe gewachsen sein würde. Das habe ich sie spüren lassen. Und sie hat es geschafft. Nun ist sie in ihrer neuen Funktion von allen anerkannt und sogar durch Wahl bestätigt worden ...

Solche Geschichten sind immer wieder Varianten desselben Themas: Wenn einem Menschen Wertschätzung entgegengebracht wird, wenn man an seine Potenziale und Fähigkeiten glaubt und ihm/ihr die Chance gibt, sie zu zeigen, ist es ein Gewinn für alle: für die Person selbst, für die Sache und für die verantwortlichen Führungskräfte. Dies gilt in der Wirtschaft, in der Politik, in der Bildung, im privaten Alltag. Doch dass es auch dort zutrifft, wo das Diktat der Ökonomie besonders hart zuschlägt, zeigt, dass es sich wirklich um ein universelles Gesetz handelt.

Als die Führungskräfte ihre Berichte abgeschlossen haben, merke ich, dass das Ereignis den Vorstandsvorsitzenden tief berührt hat. Die kühle Distanz hat einer inneren Zuwendung Platz gemacht. Er ergreift das Mikrophon für ein Abschlusswort und ruft die Zeit zurück, als er von seinem Vorgänger in das Unternehmen geholt wurde. Damals, so erinnert er sich, habe dieser ihm eine entscheidende Bitte mit auf den Weg gegeben: die kulturellen Grundlagen wechselseitiger Achtung im Unternehmen zu erhalten und zu pflegen.

Projektentwicklerin und Coach

Das zweite Beispiel betrifft eine Projektentwicklerin in einem multinational tätigen Konzern. Sie wurde ins Ausland geschickt, nicht um ihre Projekterfahrungen selbst operationell einzusetzen, sondern um einen chinesischen Mitarbeiter dazu zu befähigen, dass er diese Aufgabe aus eigener Kraft wahrnimmt. Ich begleitete sie bei diesem Vorhaben telefonisch als Coach aus der Ferne.

Ellen (Name geändert) war vorher in Deutschland zu mir zum Coaching gekommen, weil sie sich beruflich immer wieder überforderte. Ihre Chefs mussten ihr gegenüber nur einen Wunsch äußern und schon merkte sie, wie die Falle zuging: Sie verausgabte sich total, erschöpfte sich und musste nach kurzer Zeit feststellen, dass es ihr noch nicht einmal gedankt wurde. Im Gegenteil – am Ende war sie die Dumme: Sie wurde kritisiert, fühlte sich nicht mehr wohl an ihrem Platz. Und obendrein stellte sie fest, dass ihre Ehe unter den beruflichen Turbulenzen litt.

Als ihre Firma sie auf einen neuen Auslandseinsatz, dieses Mal nach China, schickte, hatte sie bereits ein gutes Stück Weg hinter sich. Sie hatte gelernt, ihre eigenen Leistungen besser zu erkennen und sich dafür auch mehr Wertschätzung entgegenzubringen. Dennoch holten sie die alten Muster wieder ein. Die Aufgabe, die man ihr dieses Mal zugewiesen hatte, war, selbst die Funktion eines Coachs für ihren ausländischen Partner zu übernehmen. Sie sollte ihn bei der Ausführung seiner operationellen Tätigkeiten beraten. Statt dies jedoch mit Freude zu tun, spürte sie immer wieder das Verlangen, selbst in die operationelle Arbeit einzusteigen. Sie wollte sich und anderen beweisen, wie gut sie selbst diese Arbeit leisten kann.

Der heilende Wendepunkt war erreicht, als sie begann, sich gedanklich und gefühlsmäßig in den chinesischen Partner hineinzuversetzen. Dabei konnte sie an ihre eigenen Erfahrungen als frühere Projektleiterin anschließen. Sie lernte nun, ihm die Wertschätzung entgegenzubringen, die sie selbst in ihrer vorherigen Position so sehr vermisst hatte. Von diesem Zeitpunkt an änderte sich das Spiel: Sie konnte ihre eigene Rolle als beratende und unterstützende Kraft für den ausländischen Partner mehr genießen und würdigen. Das erleichterte es ihr, ihm das zu geben, was er brauchte: Vertrauen darin, dass er an der Aufgabe wachsen und etwas lernen könne, Anerkennung für seine Leistungen, Ermunterung, wenn ihm etwas misslang, und Lob, wenn ihm etwas glückte.

Doch damit war sie an ihrem ausländischen Stressposten allein: Ihre deutschen Vorgesetzten agierten den Druck der Renditevorgaben seitens des Mutterkonzerns auf dem Rücken der chinesischen Mitarbeiter aus. Ihr chinesischer Partner reagierte auf den Stress mit einer Herzerkrankung. Bei seiner Rückkehr aus dem Krankenhaus wurde ihm harsch bedeutet, er möge sich im Konzern eine andere Position suchen.

Für ihn brach eine Welt zusammen und Ellen wusste nicht mehr, ob sie einem Irrweg aufgesessen war oder ob sie in ihrer Haltung der Wertschätzung fortfahren solle. Sie entschied sich für Letzteres. Sie gab ihrem chinesischen Partner auch unter diesen sich zuspitzenden Bedingungen die Anerkennung, die er so dringend brauchte. Sie riet ihm, sich nicht von der Kritik an seiner Leistungsfähigkeit herunterziehen zu lassen. Er solle an sich glauben, Verantwortung für seine eigene Zukunft und Entwicklung übernehmen und sich eine Position im Konzern erbitten, die seinen ureigensten Hoffnungen und Wünschen entspricht.

Als er mit seinem Vorschlag kam, war die Überraschung perfekt: Er wünschte sich einen Auslandseinsatz beim Mutterunternehmen in Deutschland. Die Reaktion der Geschäftsleitung war ebenso überraschend: Statt ihn weiter abzustrafen, wurde gewürdigt, dass er offenbar etwas von sich selbst hielt und sich weiterentwickeln wollte. Er erfuhr eine öffentliche Belobigung vor allen seinen Kollegen – ein gerade in China ungeheuer wichtiger Vorgang, um das Gesicht zu wahren. Seinem Antrag wurde stattgegeben. Die vorherige Herabstufung und öffentliche Abstrafung war nicht nur wettgemacht: Sie hatte sich in ihr völliges Gegenteil, in eine öffentliche Belobigung, verkehrt.

Die Wirkungen dieser Wertschätzungskette lassen sich kaum erahnen: Was bei Ellen, als sie zu mir zum Coaching kam, mit dem Wunsch nach mehr Wertschätzung sich selbst gegenüber begonnen hatte, hatte nicht nur sie selbst verändert. Es hatte in einem steinigen, ja beschädigenden Umfeld zur öffentlichen Anerkennung eines chinesischen Mitarbeiters geführt, der vorher öffentlich entwertet worden war. Dies machte den vorangegangenen Image- und Vertrauensverlust wieder gut und dürfte sicherlich im Kreise der ausländischen Mitarbeiter weit reichende Wirkungen gehabt haben. Das Ende dieser Wirkungskette, die wiederum andere Wirkungen nach sich zieht, lässt ist nicht ausmachen. Wenn ich hier und heute darüber schreibe, ist dies nur ein weiterer Schneeball in einem schier endlos weiterwirkenden systemischen Zusammenhang.

Ethisch verantwortliches Management

Das dritte Beispiel entnehme ich der *Süddeutschen Zeitung*, die in einem Artikel über einen Ausnahmeunternehmer und dessen Firmenpolitik berichtet hat. Den Inhalt gebe ich hier in Auszügen wieder.[53] Es handelt sich um Götz Werner, den geschäftsführenden Gesellschafter der dm-Drogeriekette, einen Anthroposophen. Er führt seine äußerst erfolgreiche Drogeriekette auf dem Hintergrund eines bestimmten Menschenbildes – in der Sprache dieses Buches würde man sagen: eines wertschätzenden Menschen- und Weltbildes. Wenn er den preußischen Reformer Freiherr v. Stein mit den Worten zitiert, »Zutrauen veredelt den Menschen, ewige Bevormundung hemmt sein Reifen«, dann äußert er damit die Grundlage seiner Führungsphilosophie.

Götz Werner, geschäftsführender Gesellschafter der dm-Drogeriekette

Die Filialen seiner Kette haben – und dies ist nicht üblich – eine weitgehende Eigenständigkeit. Sie können über das Sortiment entscheiden und welche Kollegen sie einstellen. Jeder der Filialmitarbeiter kann im Intranet den Umsatz der eigenen Filiale verfolgen und feststellen, wie sie im Unternehmen positioniert ist. Bei der Mitarbeiterschulung werden kreative Medien, wie z.B. Theaterspielen eingesetzt; es stärkt das Selbstvertrauen und führt zu einem höheren Ansehen im Team. Auch die Sprache im Unternehmen setzt deutliche Zeichen. »Geiz ist geil«, der Slogan eines Riesen im Elektronikeinzelhandel, wäre hier undenkbar. Bei dm lautet der

Geschäftsslogan: »Hier bin ich Mensch, hier kauf ich ein.« Mit den Worten von Werner: »Wir wollen den Menschen zum Menschen erheben und ihn nicht zum Konsumäffchen degradieren.« Junge Auszubildende, die in anderen Firmen kurz Azubis oder Lehrlinge genannt werden, heißen bei dm »Lernlinge«. 2003 waren es immerhin 1260, eine Zahl, die in 2004 nochmals aufgestockt wurde. Wenn Lernlinge zu Mitarbeitern geworden sind, heißen sie nicht Kostenfaktoren, sondern »Kreativposten mit Mitarbeitereinkommen«, denn, wie Werner sagt, »ein Mitarbeiter erbringt eine Leistung, er verursacht keine Kosten.« Und anstelle des üblichen Begriffs der Personalkosten spricht man bei dm von »Mitarbeitereinkommen«.

Mit solch einer Haltung und Unternehmensphilosophie hat Werner in rund 30 Jahren aus dem Nichts ein stattliches Unternehmen aufgebaut. 2005 gab es in Deutschland 800 dm-Märkte. Nimmt man die Filialen in weiteren sieben europäischen Ländern hinzu, so steigt die Zahl auf etwa 1500 Filialen. In ihnen werden etwa 12.000 Drogerieartikel mit einem Umsatz von annähernd 3 Milliarden Euro verkauft. Dazu gehört im Übrigen ein hervorragendes umweltbewusstes Sortiment. Und Werners Imperium boomt weiterhin, obwohl der Einzelhandel vor riesigen Problemen steht und die Billigkonkurrenz Schlecker in Deutschland mit aggressiven Methoden zum Marktführer geworden ist.

Werner ist eine jener Ausnahmepersönlichkeiten in der Wirtschaft, die zeigen, dass es auch anders geht. Wirtschaftlicher Erfolg muss nicht mit aggressiven Methoden, mit der Entwertung und Entmündigung von Menschen einhergehen. Wirtschaftlicher Erfolg kann auch aus einer Haltung der Wertschätzung erwachsen.

Reichtum mit Rechtschaffenheit erwerben und weitergeben

Das letzte berühmt gewordene Beispiel, das hier angeführt werden soll, betrifft Isaac Tigrett. Er war der Gründer der weltweit operierenden »Hard Rock Cafes«. Deren Slogan »Love all, serve all« bezeichnet den Kern seiner Unternehmensphilosophie. Er entwickelte sie im rassistischen Süden der USA, wo eine rassendiskriminierende Haltung an der Tagesordnung war. An vielen Orten wurde Schwarzen der Zutritt verweigert, so auch in Restaurants und Cafés. Tigrett räumte mit dieser Haltung gründlich auf und hatte damit durchschlagenden Erfolg.

Jahre später verkaufte er für sehr viel Geld sein Imperium. Große Teile des Erlöses spendete er für den Bau des Super Specialty Krankenhauses in Puttaparthi/Indien.[54] Dort werden seit nunmehr über zehn Jahren Patienten kostenlos versorgt. Und versorgen heißt hier, sie erhalten herausragende medizinische Leistungen vor allem im Bereich der Herzchirurgie. Es ist ein Ort, an dem sich indische Spiritualität und westliche Medizin begegnen. Möglich wurde das Projekt durch einen Unternehmer, der seinen Erfolg mit einer ethisch verantwortlichen Unternehmensphilosophie und -führung begründete und große Anteile des erwirtschafteten Geldes wiederum humanen Zwecken zukommen ließ.[55]

Medien: Vorbildfunktion annehmen

Die Medienrevolution fordert ihren Tribut

Die Bedeutung von Medien nimmt ständig zu. Mit Hilfe von Computertechnik, weltweiten Telekommunikationsinfrastrukturen, einem ausufernden und sich ständig ausdifferenzierenden Angebot von Computern, Telefonie und Unterhaltungselektronik prägen sie unsere Sicht der Wirklichkeit, stimulieren Gefühle, fungieren als (Ersatz-)Partner und sind unverzichtbare Arbeitsmittel. Medien spiegeln die Wirklichkeit und sie bringen Wirklichkeiten hervor.

Das war nicht immer so, zumindest nicht in dem derzeitigen Ausmaß. Als in den 80er-Jahren eine breite Bewegung vor den äußerst problematischen Folgen der Medienrevolution warnte, blieben diese Stimmen weitestgehend ungehört. Die Warnungen, die landauf, landab in Akademien, Forschungen und Publikationen formuliert wurden,[56] konzentrierten sich unter anderem auf:

- die Entwicklung der Medieninhalte,
- die Entwicklung der Mediennutzung und
- die Wirkungen, die dies für das Zusammenleben der Menschen haben würde.

Die 80er-Jahre waren die Zeit der Technikfolgenabschätzung und -bewertung. Bei dieser Forschungsrichtung geht es vom Ansatz her darum, frühzeitig, d.h. noch im Vorfeld grundlegender technischer Neuerungen, unerwünschte gesellschaftliche Risiken festzustellen und ihnen gezielt vorzubeugen. Kabelpilotprojekte mit Begleitstudien, die Enquête-Kommission »Technikfolgenabschätzung und -bewertung« des Deutschen Bundestags, das so genannte SoTech-Programm (Sozialverträgliche Technikgestaltung) in NRW[57], sie alle dienten – zumindest vordergründig – dem Ziel, unerwünschte Entwicklungen abzubremsen und die erwünschten Entwicklungen zu stützen. Offenbar ohne Erfolg. Die Einführung der neuen Medientechnologien, vom Kabelfernsehen bis hin zum Internet und zum Handy, erfolgte völlig ungebremst und dies nicht nur bei uns, sondern weltweit.

So haben die Strategien der Medienwirtschaft und der Boom der Medienindustrie entscheidend daran mitgewirkt, dass sich unsere Kommunikationsverhältnisse von Grund auf verändert haben.

Inhaltlich scheint die Parole »anything goes« – alles ist möglich, solange es gesehen, gehört und gekauft wird – so gründlich gegriffen zu haben, dass grundlegende Qualitätsstandards und moralisch-ethische Prinzipien über Bord geworfen wurden. Dies gilt sowohl für Radio und Fernsehen als auch in besonderem Maße für das nicht steuerbare Internet und für Speichermedien aller Art von Video bis DVD.

Hinsichtlich der Nutzungsgewohnheiten hat die mediale Kommunikation inzwischen ein derartiges Gewicht bekommen, dass die zwischenmenschliche Kommunikation, das Hinhören und Hinspüren auf den anderen, zum Luxusgut geworden ist. Hinsichtlich der Wirkungen stehen wir vor

Kommunikation in der Mediengesellschaft

einer Situation, in der die Kommunikation zwischen Jung und Alt, zwischen Eltern und Kindern, zwischen Schülern und Eltern, zwischen Politik und Gesellschaft, zwischen Besitzenden und Nicht-Besitzenden und zwischen den Kulturen und kulturellen Milieus immer mehr zum Problem geworden ist. Die Konsensbasis, die z.B. für die Reform der Gesellschaft zwingend nötig ist, ist mangels wechselseitiger Wertschätzung auf ein Minimum geschrumpft. Um politisch handlungsfähig zu werden, bedurfte es 2005 in Deutschland beispielsweise einer Großen Koalition.

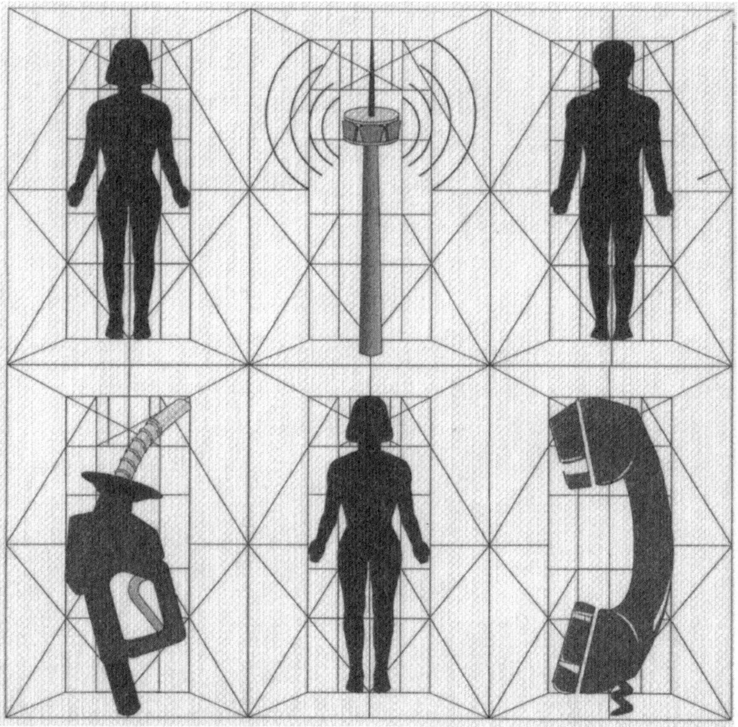

Nahe Ferne – Fremde Nähe

Im Zeitalter der Globalisierung wirken sich medientechnische Innovationen überall aus. Hier das Beispiel Interkontinentalflüge. Vor rund zehn Jahren war es noch üblich, sich angeregt mit dem möglicherweise unbekannten Nachbarn zu unterhalten und das Schauspiel der Natur zu genießen, sofern man einen Fensterplatz ergattert hatte. In der kurzen Zeit seitdem hat sich das Bild verändert.

Eine typische Situation heute: Die Fenster nach außen sind geschlossen, damit der Medienkonsum nicht vom Licht gestört wird. Jeder Sessel hat eine Bildschirmkonsole und verfügt über ein breites Hörfunkprogrammangebot. Jede und jeder sieht das Programm seiner/ihrer Wahl. Gespräche finden kaum noch statt. Das gilt selbst für Familien mit Kleinstkindern. Wenn der Gameboy spielende Sohn nach fünf Stunden ununterbrochenen Spielens anfängt zu quengeln, wird der Vater unruhig, weil er sich für Momente hilflos einer Situation gegenübersieht und von seinem Filmgenuss abgelenkt wird. Ihm steht offenbar nicht mehr das Wissen zur Verfügung, wie man sich mit einem Kind beschäftigen kann, ohne dass dessen Aufmerksamkeit durch Medienkonsum gefesselt wird. Und die Mutter in dieser Familie, die es übernommen hat, die kleine Tochter zu versorgen, ist genauso hilflos. Auch sie versucht, die Aufmerksamkeit des Kindes immer wieder auf filmische oder akustische Unterhaltung zu lenken. Eine direkte Kommunikation zwischen Eltern und Kindern findet dagegen so gut wie nicht statt.

Die Entwicklung der Medien, Medieninhalte und Mediennutzungen ist für derartige Verwerfungen im Umgang miteinander zwar nicht der einzige Grund. Doch es ist ein äußerst wichtiger Grund, weil die Weise, wie wir miteinander kommunizieren, die ganze Gesellschaft prägt und umgekehrt. Insofern führt die massive Einführung von medialer Kommunikation zu einer grundlegenden Veränderung in der Kommunikation nach innen, mit anderen sowie in und zwischen Gesellschaften. Wenn wir heute mehr Wertschätzung in unserem Umgang mit Medien erreichen wollen, so stellen sich – neben der ordnungspolitischen Steuerungsfunktion des Staates – Herausforderungen auf zwei Ebenen, nämlich auf:

- der Angebotsseite sowie
- der Nachfrage- bzw. Nutzungsseite.

Um was es hierbei geht, lässt sich erneut[58] an der Analogie zwischen Essnahrung und Sinnennahrung andeuten: Zum einen geht es um die Verantwortung der »Köche«, die die Sinnennahrung zubereiten; sie sind aufgerufen, uns nicht minderwertige Nahrung anzubieten, die krank macht; zum anderen geht es um unser aller Verantwortung bei der Auswahl der Sinnennahrung, die wir zu uns nehmen.

Eine breitere Änderung der Medien in Richtung auf eine Haltung der Wertschätzung kann nur dann auf den Weg kommen, wenn eine geistige Umorientierung das gesamte System erfasst und nicht nur einzelne Akteure. Doch mutige Einzelne können auf eine Änderung hinwirken.

Wertschätzung erweitern auf der Angebotsseite

Medien sind hochkomplexe Systeme, die sich einer einfachen Steuerung entziehen. Sie sind in Demokratien in der Regel privatwirtschaftlich organisiert, sieht man von der Sonderform der öffentlich-rechtlichen Rundfunkanstalten ab. Denn ordnungspolitisch soll auf diesem Weg die Informations- und Meinungsfreiheit vor staatlichem Zugriff geschützt werden. Die marktwirtschaftlichen Grundlagen der Medien schaffen eine Vielzahl miteinander konkurrierender Akteure, die versuchen, mit ihren Produkten und Inhalten möglichst viele Rezipienten bzw. Käufer zu erreichen. Gedruckt, gesendet und gezeigt wird deswegen, was am Markt »ankommt«, was gefällt. Dies macht eine politische Steuerung, selbst da, wo sie bei aller Berechtigung der politischen Informations- und Meinungsfreiheit angebracht erscheint, äußerst schwierig. Die Chance, inhaltlich auf die Medien Einfluss zu nehmen, hat sich angesichts globaler Informations- und Kommunikationsinfrastrukturen noch weiter eingeschränkt. Selbst nationale Steuerungsversuche sind weitgehend folgenlos, wenn sie durch den internationalen Datenverkehr unterlaufen werden können. Dies gilt für das Verbot von Kinderpornographie im Internet ebenso wie für das Verbot von Raubkopien. Dennoch führt kein Weg an der Notwendigkeit vorbei, die Medienangebote zu verbessern, wenn Medien ihre Vorbildfunktion wertschätzend wahrnehmen sollen.

»Die Geschichten, die wir über uns erzählen, werden Wirklichkeit«, so das allgemein gültige Gesetz, das dem Konzept der Wertschätzenden Befragung (Appreciative Inquiry) zugrunde liegt. Diese Aussage ist sehr weit reichend. Wenn die Geschichten, die wir – medial – über uns erzählen, die Kraft der Verwirklichung haben, dann tun wir gut daran, sehr genau darauf zu achten, welche Geschichten wir kollektiv über uns selbst in Umlauf bringen wollen. Denn dies sind dann die Zukünfte, die wir kollektiv hervorbringen. Im Beispiel: Wenn sich »die Welt« seit dem 11. September 2001 erzählt, sie müsse Krieg gegen den Terrorismus führen, dann stärkt sie nicht nur den Terrorismus, sondern bringt auch genau diesen Krieg hervor. Würde sie sich erzählen, wir müssen Frieden schaffen, damit dem Terrorismus der Boden entzogen wird, würde sie hingegen stärker dem inner- und intergesellschaftlichen Frieden zuarbeiten.

Die Aufklärungsfunktion auch anders wahrnehmen

In Demokratien gehört die Informations- und Meinungsfreiheit zu den wichtigsten Gütern überhaupt. Sie ist verfassungsmäßig abgesichert, in der Bundesrepublik Deutschland in Art. 5 des Grundgesetzes. Die Informations- und Meinungsfreiheit soll sicherstellen, dass die politischen, ökonomischen und gesellschaftlichen Prozesse transparent und damit gewissermaßen kontrollierbar werden. Die Transparenz soll einen Machtmissbrauch verhindern. Darüber hinaus haben die Medien wichtige kulturelle Funktionen, insbesondere Bildungsaufgaben.

In der Tradition der demokratischen Aufklärungsfunktion steht vor allem der investigative Journalismus, bei uns in Deutschland vor allem gepflegt durch die politischen Magazine der öffentlich-rechtlichen Rundfunkanstalten sowie durch die überregionale Qualitätspresse. Diese Art des Journalismus deckt Missstände auf, will aufrütteln und wach machen. Herausragende Beispiele zeigen seine Wichtigkeit: Watergate-Skandal um Richard Nixon, Spiegel-Affäre um Franz Josef Strauß, Wallraff-Reportagen über die Springer-Presse, Bericht über Skandale bei der Neuen Heimat, Visa-Affäre usw. Hier wurden und werden Aufklärungsleistungen erbracht, auf die Demokratien nicht verzichten können. Machtmissbrauch wird aufgedeckt, die Öffentlichkeit informiert und die Verantwortlichen können zur Rechenschaft gezogen werden. Investigativer Journalismus ist oft die entscheidende Voraussetzung dafür, dass ein Prozess der gesellschaftlichen »Selbstreinigung« und Selbstvergewisserung eingeleitet werden kann.

Auch die Berichterstattung über gesellschaftliche Probleme und Katastrophen gehört zur Tradition eines aufklärerischen Journalismus. Eine Hungerkatastrophe findet erst dann weltweit ihr Echo, wenn sie medial vermittelt wird. Ein Tsunami mit millionenfachen humanitären Problemen ruft nicht zuletzt darum eine beispiellose weltweite Hilfswelle hervor, weil die Medien unablässig Bilder, Texte und Kommentare verbreiten. Derartige Aufklärung muss sein.

Die Frage ist allerdings, in welcher Form, mit welchen Mitteln und welcher Ausschließlichkeit solchermaßen »schlechte« Nachrichten verbreitet werden. Derzeit gilt: »Only bad news are good news!« (Nur schlechte Nachrichten sind gute Nachrichten.) Warum? Weil sie für die Anbieter den Verkaufserfolg steigern. Dies hat eine Abwärtsspirale in der journalistischen Berichterstattung nach sich gezogen. Medienanbieter, Journalisten und Bildreporter haben sich auf immer problematischere journalistische Formen eingelassen: Menschen werden in Wort und Bild »vernutzt«, vielfach ohne Rücksicht auf ihre Würde und Belastbarkeit. Papier ist geduldig, auch für Lügen. Und die Kamera wird einfach »draufgehalten«: auf Politiker, auf Tote, auf Täter, auf Opfer und auf Personen des öffentlichen Lebens – Hauptsache Quote und Absatz stimmen. Selbst vor den so genannten kleinen Leuten macht dieser Missbrauch nicht Halt. Auch sie wollen einmal berühmt werden. So werden sie in Talkshows vor die Kamera gezerrt, um ihr Innerstes nach außen zu kehren, und sie ahnen dabei nicht, mit welchen Belastungen sie fortan in ihrem privaten und beruflichen Alltag zu kämpfen haben werden. Mit dem ursprünglichen Ziel der Aufklärung haben solche Medieninszenierungen nichts zu tun. Im Gegenteil: Information wird zur gezielten Desinformation; die Achtung vor der Würde des Menschen schlägt um in Missachtung der Würde der Dargestellten.

Hier könnte eine Neuausrichtung der Aufklärungsfunktion erfolgen, und zwar indem die kritische, problemzentrierte Berichterstattung systematisch durch mediale Aufbereitung und Wertschätzung von wünschenswerten Entwicklungen ergänzt wird.

Die derzeitige Berichterstattung ist vorwiegend problem- oder fehlerorientiert oder anders herum: Sie ist nicht visions- und lösungsorientiert. Investigativen Journalismus im Sinne einer demokratischen Aufklärungsfunktion braucht es aber auch, wenn es darum geht, die erfreulichen Seiten menschlichen Handelns zu zeigen. In einer friedlosen Gesellschaft voller Konflikte zwischen Menschen, Kulturen, Religionen, Ethnien und zwischen Mensch und Natur kann investigativer Journalismus auch dazu genutzt werden, das positive Andere ganz systematisch aufzuspüren und damit eine wichtige Vorbildfunktion zu haben, z.B. durch:

- Zeichen der Ermutigung, die Nachahmung finden sollten;
- Ansätze der Neuorientierung, die wegweisend sind;
- Fähigkeit zur Verständigung, die gelebt wird;
- Einheit zwischen Kulturen und Religionen, die praktiziert wird;
- intakte soziale Beziehungen, die weder heile Welt noch Fiktion sind.

Journalisten und Medien bringen solche Berichterstattung auch heute schon. Das sind dann – in der Sprache der AI – die »Juwelen« im heutigen Mediensystem, rare Ausnahmen, die zeigen, was möglich ist. Die Darstellung von wünschenswerten Entwicklungen könnte jedoch ein ähnliches Gewicht erhalten wie die kritische Berichterstattung und damit die gesellschaftlichen Kräfte in Richtung auf eine wünschenswerte Zukunft umlenken. Hierzu einige Beispiele, die Mut machen:

»Vorsprung Deutschland: Die Stärken der Republik und ihrer Menschen«

Das Schlechtreden der Bundesrepublik hatte in der zweiten Legislaturperiode der Bundesregierung unter Gerhard Schröder derart zugenommen, dass einige Medien begannen, dem gezielt etwas entgegenzusetzen. Dahinter stand offenbar die Erkenntnis, dass ein Land sich schwerlich aus seiner Lähmung lösen kann, wenn man immer nur auf seine Fehler und Probleme blickt.

Besonders eindrücklich hat es die *Süddeutsche Zeitung* mit der Serie »Vorsprung Deutschland. Die Stärken der Republik und ihrer Menschen« im Jahr 2004 getan. Sie brachte eine Fülle von kleineren oder größeren Erfolgsgeschichten von Menschen, die gegen den veröffentlichten Trend großartige Leistungen zeigen, auf die man mit Recht stolz sein kann.

Fußballweltmeisterschaft in Deutschland

Was niemand für möglich gehalten hatte und vom Ausland mit großem Erstaunen verfolgt wurde, war, wie die Deutschen 2006 ihre Rolle als Gastgeber der WM wahrnahmen. Sie machten daraus ein einziges großes Fest für sich und andere, was auch nicht dadurch nachhaltig eingetrübt wurde, dass die deutsche Mannschaft nicht bis in die Endrunde vordringen konnte. Die Medien hatten an diesem Ereignis nicht unerheblich Anteil. Zuerst noch zögernd, doch bald immer eindeutiger, gingen immer mehr Journalisten und Berichterstatter dazu über, diesen Auf- und Ausbruch eines Volkes aus dem kollektiven nationalen Trauma mit Freude und Wertschätzung in Wort und Bild zu dokumentieren.

Dialogische und wertschätzende journalistische Haltung

Medien haben nicht nur eine Vorbildfunktion durch das »Was«, sondern auch durch das »Wie« ihrer Berichterstattung. Sie schaffen – ob gewollt oder ungewollt – Leitbilder dafür, wie wir miteinander kommunizieren.

Eine wertschätzende Berichterstattung ist von einer Haltung geprägt, bei der das sogenannte Objekt der Berichterstattung als Subjekt gewürdigt wird. Das ist nichts anderes als die Einübung einer dialogischen Haltung[59] im journalistischen Arbeiten. Es bedeutet prinzipiellen Verzicht auf Kampfkommunikation, in der das Gegenüber überhört, übersehen oder entwertet wird. Den anderen als Subjekt behandeln heißt:

- ihm oder ihr zuhören;
- wirkliche und nicht nur rhetorische Fragen stellen;
- versuchen, das eigene Verstehen zu erweitern;
- Bewertungen in der Schwebe halten;
- zulassen, dass im Gespräch neuer Sinn entstehen kann.

Dies ist möglich und wird auch praktiziert, vor allem in den öffentlich-rechtlichen Rundfunkanstalten. Doch es ist eher die Ausnahme. Hier einige »Juwelen« aus der bisherigen Praxis:

Wertschätzend interviewen

Wie wohltuend sich eine Haltung der Wertschätzung in Interviews auswirken kann, stelle ich immer wieder in der mor- gendlichen Politiksendung »Morgenecho« des WDR 5-Hörfunks fest. Die üblichen Kurzinterviews mit Personen des öffentlichen Lebens werden von diesen gerne genutzt, um sich auf nebulöse Andeutungen zu beschränken. Einer der Radiojournalisten, Achim Schmitz-Pforte, besaß jedoch eine Fähigkeit des offenen interessierten Fragens, die wirkliches Zuhören signalisiert. Der Erfolg: Im Gegensatz zu seinen Kollegen öffneten sich ihm die Befragten leichter und versuchten, wirkliche Antworten zu geben.

Frank Plasberg, Moderator der WDR-Talkshow »Hart aber fair«

Auch die wöchentliche Politik-Talkshow im WDR-Fernsehen »Hart aber fair« mit Frank Plasberg ist hier zu erwähnen. Ihm gelingt es, eine Haltung der Offenheit und Unvoreingenommenheit einzunehmen, die sich wohltuend von der vieler seiner Kollegen und Kolleginnen unterscheidet, weil sie zu einem echten Gespräch einlädt.

Der »Internationale Frühschoppen« bzw. heute »Presseclub« sonntags mittags im Ersten Deutschen Fernsehen (ARD) ist eine der ältesten und prominentesten Sendungen, die für einen wertschätzenden, verständigungsorientierten

Journalismus steht. Das fängt bereits mit der Struktur an: Eingeladen werden Journalisten aus anderen Ländern, die über Deutschland berichten. Damit zeigt man, dass man sich für unterschiedliche Sichtweisen interessiert und bereit ist, sie im Hinblick auf die Einordnung aktueller politischer Fragen zur Kenntnis zu nehmen.

Es betrifft aber auch die Haltung, die die Moderatoren der Sendung – egal ob früher Werner Höfer oder später Fritz Pleitgen – in der Regel verkörpern: die Offenheit, gemeinsam zu lernen, zu fragen und hinzuhören.

Einzelne regelmäßige Talkrunden, die eine etwas weniger strenge Form haben und damit mehr Zuschauer erreichen, lassen eine ähnliche Qualität erkennen. Dazu gehörten z.B. »Talk im Turm« mit Erich Böhme oder die Gespräche, die Sandra Maischberger in ihrer Sendung »Menschen bei Maischberger« in der ARD moderiert.

Wertschätzung erweitern auf der Nutzungsseite

Mediennahrung als Sinnennahrung

»Der Mensch ist, was er isst«, diese Weisheitsformel gilt es zu ergänzen: »Der Mensch ist, was er sieht, hört oder mit seinem Geruchs- und Tastsinn wahrnimmt« – eine Tatsache, die im indischen Kulturraum zum Allgemeinwissen gehört. In diesem Kulturraum verlangt (Charakter-)Bildung daher ganz selbstverständlich eine Kontrolle der Sinne. Vergegenwärtigt man sich die Wirkungen der medientechnischen Entwicklung unter diesem Aspekt der Sinnennahrung, dann sind äußerst weit reichende Folgen erkennbar. Unsere Mediengewohnheiten führen zu einer einseitigen Ausrichtung auf den Sehsinn. Dieser Sehsinn wird in einem immer stärkeren Maße auf das Mensch-Maschine-Interface gelenkt, und zwar sowohl durch die Nutzung massenmedialer Angebote als auch durch die Nutzung von interaktiven Medien. Auch der Hörsinn wird zunehmend durch technisch erzeugte Töne einseitigen Belastungen ausgesetzt. Das Hinhören auf die feinen Töne und Stimmungen nicht-technischer Art bleibt ungeübt, sowohl durch die Konzentration auf technische akustische Reize als auch durch die mangelnde Einübung in eine zwischenmenschliche Kommunikation mit allen Sinnen.

Auch die Angebote haben sich verändert (s. o.): Einerseits wurden die Medienangebote extrem ausgeweitet; andererseits hat der Kampf um Zuschauer, Zuhörer und Kunden in zunehmendem Maße die Qualitätsstandards abgesenkt. Die Folge: Es ist gesellschaftlich üblich geworden, sich in erheblichem Umfang Sinnesnahrung zuzuführen, die man bei Essnahrung als Junk-Food, minderwertige Nahrung, bezeichnen würde.

Zum Essproblem der Überflussgesellschaften des Westens ist damit ein weiteres Problem hinzugetreten. So wie es uns schwer fällt, nicht zu viel, zu schwer, zu ungesund oder zum falschen Zeitpunkt Nahrung aufzunehmen, so sehr fällt es uns Menschen schwer, unseren Medienkonsum so zu steuern, dass er uns gut tut. Das Bewusstsein dafür, welche Qualität der Sinnesnahrung menschliches Wohlbefinden unterstützt, hat mit der medientechnischen Entwicklung nicht Schritt gehalten. Es ist hinter der Angebotsentwicklung zurückgeblieben. So bleibt eine schwierige, kaum zu bewältigende Aufgabe: Angesichts eines Überangebots medialer »Nahrung« geht es heute darum, dass Menschen lernen, das für sie Richtige in der richtigen Dosierung auszuwählen und den Konsum darauf zu beschränken.

Wenn dies nicht gelingt, sind die Folgen besonders für die jüngere Generation gravierend und damit im Zeitverlauf für die ganze Gesellschaft. Kinder wachsen heute zunehmend in Ein-Kind-Familien auf, die durch wechselnde Beziehungspartner auf der Elternseite alles andere als ein sicherer Hafen sind. Zumindest das deutsche Bildungs- und Erziehungssystem ist mangels Hort- und Kindergartenplätzen und mangels Ganztagsschule nicht in der Lage, die Defizite der Familien mit ihren oft überalterten und beruflich stark beanspruchten Eltern abzubauen. So ist Medienkonsum für viele Kinder oft der einzige scheinbare Halt in einer haltlosen Welt. Welche Medien und welche Angebote dabei zum Zuge kommen, ist deprimierend: Mediennutzungsuntersuchungen zeigen, dass Jugendliche sich gezielt den Qualitätsprogrammen von Hörfunk und Fernsehen und dem Zeitungslesen generell sowie dem von Qualitätszeitungen im Spezifischen entziehen.[60]

Wer nicht gelernt hat, was gute Sinnesnahrung ist, wird nicht wissen, was er oder sie vermisst. Wer nicht erfahren hat, was es bedeutet, sich im Gespräch in einer Haltung der wechselseitigen Wertschätzung zu erleben, wird nicht bewusst wahrnehmen, wenn ihm oder ihr diese Wertschätzung vorenthalten wird, auch nicht in und mit den Medien.

Dieses Buch transportiert die Botschaft, dass wir alle ein tief liegendes Bedürfnis danach haben, gesehen, gehört und geliebt zu werden. Medien können uns dies nicht geben. Im Gegenteil: Wenn wir versuchen, Einsamkeit und Sprachlosigkeit durch beliebigen Medienkonsum zuzudecken, dann ändert sich an dem Bedürfnis nichts. Es bleibt unbefriedigt. Und wie in einer Suchtstruktur wird die Suche nach dem Vermissten fortgesetzt – mit untauglichen Mitteln: durch vermehrten Medienkonsum. Daher die steigenden Mediennutzungszeiten, daher die Tendenz, keinen Moment des Tages ohne die elektronischen Begleiter zu lassen. Sie übertönen die Einsamkeit, machen sie weniger spürbar, doch sie heilen sie nicht.[61]

Wie also können wir lernen, trotz und in Medienzeiten, uns wechselseitig die Achtung, den Respekt und die Aufmerksamkeit wieder zu schenken, die wir so dringend brauchen? Wie können wir wieder erreichbar werden, als Menschen für Menschen – nicht als Stimme am Mikrofon oder Handy oder als Bild auf der Mattscheibe? Wie können wir die Gemeinschaft zwischen uns wieder stärken und uns wechselseitig den Wert bestätigen, den wir für uns selbst und für andere haben? Die einzige Antwort, die ich hierfür geben kann, ist diese: mir selbst und anderen wieder oder erstmals die Wertschätzung entgegenzubringen, nach der ich und andere sich so sehr sehnen.[62] Dies gilt im direkten Kontakt, aber auch in der Art des Umgangs mit Medien. Im Folgenden nenne ich wichtige Ansatzpunkte, um Medien in einer Haltung der Wertschätzung für sich und andere zu nutzen.

Medien bewusst auswählen, ihre Nutzung begrenzen und kommunikative Gegengewichte schaffen

Als Nutzer oder Nutzerin Wertschätzung im Umgang mit Medien zu entwickeln, verlangt eine bewusste Auseinandersetzung mit Fragen wie:

- Welche Zeitung, Zeitschrift oder Buch kaufe ich?
- Welches Radio- und Fernsehprogramm schalte ich ein?
- Welche Computerspiele spiele ich?

- Welche Internetseiten besuche ich?
- Wann, wie oft und wie lange tue ich dies?
- Welches Vorbild möchte ich als erwachsener Mensch Kindern und Jugendlichen sein?

Wie Menschen mit Medienangeboten umgehen, hängt entscheidend von ihren Bildungsvoraussetzungen, von ihrer Sozialisation und ihrer Umwelt ab. Doch so schwierig die Voraussetzungen auch sein mögen: Jede und jeder hat die Freiheit, das eigene Mediennutzungsverhalten prinzipiell zu überprüfen und aus einer Haltung der Wertschätzung sich selbst und anderen gegenüber neu auszurichten. Ich muss mir keine gewalthaltigen Filme ansehen, ich muss keines der so genannten Hassradios, wie sie z.B. in den USA existieren, einschalten, ich muss mir keine Talkshow ansehen, in der Menschen entwertend vorgeführt werden, ich muss weder Sendungen wie »Big Brother« noch »Dschungelcamp« einschalten, ich muss mir nicht die Ohren zudröhnen, mir Sex, Porno und Gewalt »reinziehen«, und ich muss auch keine Boulevard- und Schundblätter lesen, die die Würde von Menschen systematisch missachten.

Medienangebote bieten als Sinnennahrung etwas an, was ich seelisch-geistig im wahrsten Sinne zu »verdauen« habe. Wenn ich meinem Körper gute, unbelastete Nahrung zur richtigen Zeit und in der richtigen Menge zuführe, dann steigt mein körperliches Wohlbefinden. Jede und jeder kann dies überprüfen. Dasselbe gilt auch für die Sinnennahrung – nur dass dieser Zusammenhang noch weniger im Allgemeinen Bewusstsein verankert ist als der zwischen Essverhalten und körperlichem Wohlbefinden. Meine Sinnesnahrung – was ich sehe, höre, fühle, mit welchen Menschen ich mich austausche, welche Bücher ich lese – all dies bestimmt ganz entscheidend, wie ich mich fühle. Wenn ich für meinen Kopf und mein Gemüt die richtige Sinnesnahrung in der richtigen Dosierung wähle, wenn ich mich auch hier bewusst für »Nahrung« entscheide, die mich aufbaut statt mich herunterzuziehen, dann sorge ich unmittelbar für mein Wohlergehen. Ich praktiziere Wertschätzung mir selbst gegenüber. Solche Wertschätzung und solches Wohlergehen strahlen auf die Menschen aus, mit denen ich zusammentreffe.

Ich habe also prinzipiell die Wahl: So wie ich mich entscheiden kann, auf zu viel, zu schwere, zu scharfe oder minderwertige Nahrung zu verzichten, so kann ich mich auch entscheiden, auf Sinnennahrung zu verzichten, die mich geistig, seelisch und emotional belastet.

Die Kraft, die mir helfen kann, hier weitaus wählerischer zu werden, ist die Haltung der Wertschätzung für mich selbst und für andere. Wenn ich mir klar darüber werde, was bestimmte Medienangebote mit mir machen, dann kann ich leichter auf sie verzichten. Hierzu einige Beispiele. Sie zeigen die Richtung möglicher Verhaltensänderungen.

Gewalt im Fernsehen vermeiden

Als die Gewaltberichterstattung in den Fernsehnachrichten immer mehr die Überhand gewann, habe ich als Medienwissenschaftlerin aufgehört, Fernsehnachrichten zu sehen. Und ich habe dies mit einem guten Gefühl getan. Erstens kann ich mich mit Zeitungen gut und besser informieren, und zweitens kann ich spüren, wie wohltuend es ist, mich nicht mit der Gewalt von Bildern »zuzumüllen«, auf die ich körperlich-seelisch-geistig nicht angemessen reagieren kann.

Handy- und computerfreie Zeiten und Zonen

Der höchste Luxus, den ich mir leiste – und ich bin damit nicht die Einzige –, ist, zu bestimmten Zeiten auf Handy und Computer zu verzichten. Dies eröffnet mir den Raum zum Dialog mit mir selbst und/oder mit den Menschen in meinem unmittelbaren Umfeld. Stress und Anspannung fallen ab. Ein Raum der Selbstwertschätzung und des Dialogs mit mir oder anderen eröffnet sich. In diesem Sinne wünsche ich mir intensiv, dass die handyfreien Zonen in Zügen ausgedehnt und in Flugzeugen entgegen dem erklärten Trend aufrechterhalten werden.

Medienkonsum ausbalancieren: Spielen und miteinander reden

Als sich in den 90er-Jahren die Menge der Medienangebote dramatisch erhöhte, waren Familien in Deutschland zum ersten Mal massiv vor eine neue Herausforderung gestellt. Wie können Kinder einen Gebrauch der Medien erlernen, der ihnen gut tut? Wie kann man als Eltern Menge und Qualität der Mediennutzung steuern, wenn rund um die Uhr alle Arten von Angeboten jederzeit abrufbar sind? Die Mediensozialisation ist – egal, ob bewusst oder unbewusst ausgeübt – meist Aufgabe der Mütter.

Ich habe daher untersucht, wie die Mütter mit dieser neuen Herausforderung umgehen – liegt doch die Mediensozialisation ganz entscheidend in ihren Händen. Dabei zeigte sich, wie schwer es unter den heutigen Bedingungen in Deutschland ist, einen Mediengebrauch zu erlernen, der ein Gleichgewicht zwischen Mediennutzung und unmittelbarer zwischenmenschlicher Kommunikation sicherstellt:[63]

Familie F. ging einen konsequenten Weg, um die Fernsehsucht ihrer zweieinhalbjährigen Tochter zu überwinden.[64] Wie kam es dazu? Frau F. war eine erfolgreiche Krankenschwester und lebte mit ihrem Mann in einem kleinen Dorf. Als das zweite Kind geboren wurde und die Mutter nach fünf Monaten in den Beruf zurückkehrte, wurde nicht nur die Großmutter zur Betreuerin, sondern auch Fernseher und Radio. Das Radio dudelte auf Wunsch der älteren Tochter den ganzen Tag ohne Unterbrechung, und abends lief ab 20 Uhr bis zum Schlafengehen der Fernseher. Die Mutter war – durchaus nachvollziehbar – nicht unglücklich darüber, ihre Tochter vor dem Fernseher »parken« zu können, wenn sie von der Arbeit erschöpft nach Hause kam. Was kommen musste, kam. Die kleine Tochter wurde innerhalb kurzer Zeit fernsehsüchtig.

Die Situation spitzte sich zu, als die Tochter im Urlaub ohne Fernseher bei längerem schlechten Wetter nichts zu tun wusste. Frustriert stiftete sie solche Unruhe, dass die Eltern sich gezwungen sahen, früher aus den Ferien zurückzufahren. Dieses Ereignis gab Anlass zu konsequenten Änderungen im Leben der Familie F.: Zunächst entschied man sich, vom Dorf in ein Stadtviertel umzuziehen, in dem viele Kinder lebten. Die Tochter konnte nunmehr soziale Kontakte aufbauen und draußen spielen. Fürs Fernsehen wurden klare Regeln aufgestellt: Fernsehen nur noch abends in Gegenwart der Mutter, und zwar die »Sesamstraße«. Außerdem änderten die Eltern ihren überfürsorglichen Erziehungsstil, indem sie mehr Eigenständigkeit bei der Tochter förderten. Nach anfänglichem Widerstand konnte die Tochter die veränderte Situation gut annehmen. Die größeren Entfaltungsmöglichkeiten zu Hause und in der Nachbarschaft trugen wesentlich dazu bei.

Die umfassende Krise, in die die Familie durch die Art der Mediennutzung geraten war, wurde in dieser Familie mit Wertschätzung gelöst. Es war eine Kommunikationskrise und eine Familienkrise, die nur lösbar war, indem auf die tieferen Bedürfnisse der Menschen geachtet wurde. Dies erforderte als drastische Maßnahme einen Umzug und eine konsequente Änderung im Verhalten: An die Stelle permanenter Berieselung durch Medien konnten damit Spiel und Freundschaften treten. Und die subjektive Zufriedenheit aller Familienmitglieder stieg deutlich.

Schule und Bildung: Werte vermitteln und Wertschätzung leben

Als die Pisa-Studie Deutschland miserable Werte für die Qualität der Schulbildung bescheinigte, löste dies einen Schock aus. Im Land der Dichter und Denker war offenbar etwas geschehen, was man nicht vorhergesehen hatte: Es hatte einen Bildungsverfall gegeben. Dass dies die internationale Wettbewerbsfähigkeit des Landes beeinträchtigte, dürfte mehr zur Beunruhigung beigetragen haben als die fundamentalen Verwerfungen, die der Pisa-Befund erahnen ließ. Einige Jahre nach der Veröffentlichung der Studie ist man weiter: Die Gesellschaft beginnt sich über die Frage zu unterhalten, was denn fundamental falsch läuft und falsch gelaufen ist. Peer Steinbrück, Finanzminister der Großen Koalition und früherer sozialdemokratischer Ministerpräsident von Nordrhein-Westfalen, steht für einen trockenen Realismus. Er forderte in seiner Zeit als Ministerpräsident unverhohlen Leistung, Verantwortung und Gemeinsinn als Aufgabe der Eliten.[65] An die Eltern und Lehrer stellte er die Forderung, dies über die Erziehung zu vermitteln. Inzwischen richten Radiostationen, Fernsehen, Zeitungen und Zeitschriften ihre Aufmerksamkeit auf das Thema Erziehung und Bildung und fragen, was Eltern denn heute brauchen, damit die Beziehung zwischen ihnen und ihren Kindern wieder besser und glücklicher werden.[66] Elternkurse kommen in Mode, die demselben Thema nachgehen.

Educare: Wertschätzen der Potenziale im Menschen

In Indien bin ich auf eine interessante Unterscheidung im Englischen gestoßen, nämlich die zwischen »Education« und »Educare«. Sie steht im Zentrum eines Bildungsansatzes, der auf Sathya Sai Baba zurückgeht und der inzwischen Eingang in Bildungsanstrengungen in vielen Ländern gefunden hat.[67] Während Education davon ausgeht, dass man im Erziehungs- und Bildungsprozess den jungen Menschen Bildung im Sinne von Hinzufügen vermitteln müsse, geht der Begriff Educare von einem spirituellen Menschenbild aus. Danach bringt der Mensch bei seiner Geburt das volle Potenzial dessen mit, wer er ist. Im Prozess der Erziehung und Bildung gilt es daher, das Vorhandene herauszulocken. Dementsprechend unterschiedlich sind die Zielsetzungen der jeweiligen Bildungssysteme. Unstrittig gilt für beide, dass Menschen durch Bildung Fähigkeiten und Fertigkeiten erwerben. Während sich Education diesem Ziel jedoch ausschließlich oder vorrangig verschreibt, zielt Educare auf weit mehr. Educare will dem jungen Menschen helfen, die höchsten in ihm angelegten Werte und Potenziale herauszulocken und zur Entfaltung zu bringen. Dabei sollen die jungen Menschen ein Bewusstsein dafür entwickeln, was sie in letzter Konsequenz sind: eine Verkörperung Gottes. Deswegen heißt es, das Ziel von Bildung sei Charakter (»the end of education is character«), und das Ziel von Wissen sei Liebe (»the end of knowledge is love«).

Das wichtigste Instrument in diesem Prozess des Educare ist die Auseinandersetzung mit menschlichen Werten (EHV – Education in Human Values). Im Zentrum stehen die fünf menschlichen Grundwerte Wahrheit, Rechtschaffenheit, Liebe, Frieden und Gewaltlosigkeit, denen wiederum zahlreiche Unterwerte zugeordnet sind.[68] Curricula für alle Altersstufen, beginnend mit dem Kindergarten, lassen die Werte altersgemäß auf fünf Wegen lebendig werden: Auseinandersetzung mit Texten, Sitzen in der Stille, Erzählungen, gemeinsames Singen, Gruppenaktivitäten. Entsprechende Ansätze wurden inzwischen weltweit eingeführt und Begleitforschungen eines Bildungsinstituts in Mumbai haben ergeben, dass junge Menschen, die diese Art von Bildung durchlaufen, leistungs- und lebensfähiger sind als Kinder aus anderen Bildungseinrichtungen.[69] Sucht man nach vergleichbaren Ansätzen, die in unserem Sprach- und Kulturraum entstanden sind, so sind hier insbesondere die Waldorfschulen mit ihrer ganzheitlich orientierten Pädagogik zu nennen, die auf einem spirituellen Menschenbild fußt.

In solchen Bildungskonzepten wird der doppelten Herkunft des Menschen Rechnung getragen: der spirituellen und der irdischen. Es wird eine Synthese zwischen beiden Welten gesucht. Der junge Mensch soll ganzheitlich erreicht werden und in einem Prozess Hilfe erfahren, bei dem es darum geht, seine körperlichen, sozialen, mentalen und spirituellen Potenziale voll zur Entfaltung zu bringen. Statt dem westlichen Modell einer einseitig auf Kognition und mentale Leistungsfähigkeit ausgerichteten Bildung zu folgen, zielt solche integrale Bildung bewusst darauf, Körper, Seele und Geist eines jungen Menschen zu erreichen und zu formen. Im schulischen Alltag werden daher zentrale Fragen des Menschseins lebendig: »Wer bin ich?«, »Wo komme ich her?«, »Warum lebe ich?«, »Wohin gehe ich, wenn ich gestorben bin?« und »Welche Aufgaben gilt es für mich in diesem Leben zu bewältigen?« Solche Integration und Synthese von weltlicher und spiritueller Bildung kann Wertvolles leisten:

Wir Menschen bringen in unser Leben unterschiedliche Potenziale und Anlagen mit, die jede und jeder von uns zur Entfaltung bringen möchten. Es ist – wenn man so will – die Seelenaufgabe, die nach ihrer Erfüllung drängt. Als Wesen, in denen sich das Göttliche als Liebesfunke manifestiert hat, sind wir angelegt dazu, uns selbst und andere lieben zu lernen und im Frieden mit uns und anderen zu leben. Öffnen wir uns für dieses Wissen über unsere Herkunft und unsere Bestimmung, dann haben wir die Chance, ein sinnvolles und letztlich erfülltes Leben zu führen. In der Auseinandersetzung mit den Anforderungen der Mitwelt und der Gesellschaft begegnen wir uns selbst, lernen uns kennen und muten uns anderen mit unseren Gaben und Möglichkeiten zu. Wir treten in einen Prozess des wechselseitigen Nehmens und Gebens ein, in dem unsere Anlagen und Potenziale sich entwickeln können. Die ersten Grundlagen hierfür werden bei Kindern und Jugendlichen gelegt. Wo Educare im Sinne des Hervorlockens menschlicher Qualitäten praktiziert wird, findet »caring« statt, d.h. liebevolle Zuwendung. Caring fördert nicht nur Fähigkeiten und Fertigkeiten, sondern bildet auch Persönlichkeit und Charakter.

»Education« hingegen verfolgt vorrangig das Ziel, Menschen mental zu trainieren und zum Funktionieren innerhalb des Wirtschaftssystems zu befähigen (»education for living, not for life«). Education will junge Menschen fit für den Überlebenskampf machen. Ob das Erlernte und Erworbene ihnen auch hilft, die Vielfalt der eigenen Anlagen zu entfalten und ihnen Wege zur eigenen Sinnstruktur und zu den tiefsten Wünsche zu ebnen, ist demgegenüber zweitrangig. Wo solche Vereinseitigung stattfindet, erfahren junge Menschen, bewusst oder unbewusst, dass sie nicht – so wie sie sind – wahrgenommen und wertgeschätzt werden.

Wo Wertschätzung fehlt, mangelt es an Begeisterungsfähigkeit und Motivation. Wo Begeisterungsfähigkeit und Motivation fehlen, erscheinen Schwierigkeiten unüberwindbar. Wo dies der Fall ist, greift Anpassungsmentalität um sich. Der Mainstream, die gesellschaftlich vorherrschenden Ansichten, bestimmen, wohin die Reise geht. Ist der Mainstream wie in den 90er-Jahren auf »Spaß und Lust« ausgerichtet, dann kann es passieren, dass eine ganze Generation in diese Richtung sozialisiert wird und meint, Ellbogenmentalität, Eigennutz und Egoismus seien die wichtigsten zu lernenden gesellschaftlichen Tugenden. »Geiz ist geil«, so der Slogan der Elektronikkette »Saturn«, trifft dann den Zeitgeist.

Es geht auch anders. Wer als Kind Wertschätzung erfährt, lernt andere wertzuschätzen. Wer sich in der Einzigartigkeit der eigenen Person wahrgenommen fühlt, wird dieses Gefühl auch anderen Menschen vermitteln können. Dies erfordert Wertschätzung, Achtsamkeit, Respekt.

Als lehrende Person – egal ob als Eltern, Lehrer/Lehrerin, Dozent/Dozentin oder Erzieher/Erzieherin – brauche ich Wertschätzung und Respekt mir selbst gegenüber, um mich nicht zum Büttel der Launen von Kindern, jungen Erwachsenen und Eltern machen zu lassen. Heute fühlen sich viele Eltern überfordert, resignieren innerlich und reagieren ihre Schuldgefühle durch harte Kritik an Lehrern und Lehrerinnen ab. Letztere sind vielfach objektiv überfordert angesichts einer immer schwierigeren Schülerschaft (ADS-Aufmerksamkeitsdefizitsyndrom; hoher Anteil an Kindern aus unterschiedlichen kulturellen, sprachlichen und religiösen Hintergründen). Dies macht sie unfrei den Kindern gegenüber. Wer dennoch »in die Bresche springen will«, wer als Lehrer oder Lehrerin das Erziehungsversagen von Eltern mit Helfermentalität und Helfersyndrom ausgleichen will, steht nicht selten vor einem Burnout. Nicht zufällig finden sich besonders viele Lehrerinnen in therapeutischen (Selbsterfahrungs-) Prozessen, um aus diesem Dilemma herauszukommen.

Wenn hingegen Eltern und Lehrende lernen, sich selbst wertzuschätzen, erfahren sie vermehrt Wertschätzung. Wertschätzung weckt Wertschätzung. Respekt weckt Respekt. Ein Vater und eine Mutter, ein Lehrer und eine Lehrerin, die gelernt haben, nicht alles mit sich machen zu lassen, fordern von jungen Menschen ganz selbstverständlich auch eine Haltung des Respekts ihnen gegenüber ein. So entsteht ein Zuwachs wechselseitigen Hinhörens und Hinspürens. Kinder, Jugendliche und junge Erwachsene erleben sich als geachtet und achtsam. Dies strahlt aus, auch auf ihre Beziehung zu ihren Lehrern und Eltern.[70]

Last but not least: Eine der größten Herausforderungen der Gegenwart ist der Sog, den die Unterhaltungselektronik auf junge Menschen ausübt. Dem etwas entgegenzusetzen wird immer vordringlicher. Intakte Kommunikationsbeziehungen, die aus einer Haltung der wechselseitigen Wertschätzung resultieren, mindern den Sog der Medien. Wenn wir uns in unseren sozialen Beziehungen beheimaten, erübrigt sich die Flucht in virtuelle Welten. Wenn wir uns im Miteinander spüren können, können wir von der vergeblichen Suche nach virtuellen Gemeinsamkeiten ablassen. Wenn wir die Freude der Begegnung erleben, können die Medienangebote wieder den Platz in unserem Leben erhalten, den sie verdienen: als eine Quelle der Information, Anregung und der Bereicherung, jedoch nicht als Ersatz für einen Mangel an sozialen Beziehungen, die von Respekt, Achtung, Wertschätzung und Liebe gekennzeichnet sind.

Wertschätzende Bildung in der Praxis

»Rhythm is it!« – ein Tanzprojekt der Berliner Philharmoniker

Januar 2003: Die Berliner Philharmoniker unter Sir Simon Rattle haben Großes vor: Sie planen die Aufführung des Ballettstücks »Le Sacre du Printemps«, des Frühlingsopfers von Igor Strawinsky mit einer ganz ungewöhnlichen Tanzinszenierung. Statt das äußerst schwierige Stück mit professionellen Tänzern einzustudieren, machen sie daraus ein pädagogisches Projekt mit sozial benachteiligten Jugendlichen. Beteiligt ist ein englisch-deutsches Choreographenteam mit Royston Maldoom und Susannah Broughton. Innerhalb weniger Wochen will es mehrere Berliner Klassen von Hauptschülern und Hauptschülerinnen, d.h. blutige Laien, dazu befähigen, das dramatische Frühlingsopfer in einer emotional äußerst expressiven Form auf die Bühne zu bringen. Die Kameras laufen bei den Proben mit, und das Ganze soll nicht nur auf- und durchgeführt werden, sondern hinterher auch noch filmisch nachvollziehbar dokumentiert sein.

Das Ergebnis dieses großartigen sozialen Projektes ist als Kinofilm »Rhythm is it!« zu studieren.[71] Es zeigt Jugendliche, die ihren Mangel an Selbstwertschätzung durch Desinteresse, Albernheiten und Störungen ausagieren, und zwei Choreographen, die bis an die Grenze ihrer Toleranz gebracht werden. Und es zeigt den entscheidenden Wendepunkt, der das Projekt in einer fast ausweglosen Lage rettet: Er ist gekommen, als der Choreograph Royston Maldoom den Jugendlichen unumwunden zu verstehen gibt, dass er so nicht mehr mit ihnen arbeiten kann. Entweder sie sind bereit, sich selbst ernst zu nehmen und sich aus dieser Haltung heraus für das Gelingen des Ganzen einzusetzen, oder – so erklärt er – das Experiment sei ab sofort für ihn gestorben.

Wie die Situation ausgeht, ist völlig offen. Doch der Respekt, den dieser Mann sich selbst erweist, macht ihn stark und überzeugend. Er bringt den Mut auf, alles in Frage zu stellen, gerade weil sein Herz am Gelingen hängt. Dies zündet: Der Funke springt über. Die Kinder fühlen sich ernst genommen. Sie spüren, dass sie selbst gefordert sind, dass sie selbst es in der Hand haben, ob das Projekt Wirklichkeit wird.

Probenfotos aus dem Film »Rhythm is it!«

Und sie beginnen, mit Feuereifer mitzumachen. Das Unmögliche wird möglich: Die Aufführung findet statt. Der Strudel der Gefühle, den Strawinskys Frühlingsopfer weckt, wird nicht nur musikalisch, sondern auch tänzerisch so in Szene gesetzt, dass das Publikum in Begeisterung ausbricht.

Selbst im filmischen Nachvollzug teilt sich noch etwas von dem Aufbruch mit, der sich bei den jungen Menschen vollzogen hat. Obgleich in vielfacher Weise benachteiligt, hat ihnen der Choreograph einen Zugang zu sich selbst eröffnet. Er hat sich und sie ernst genommen und damit ein Beispiel gesetzt. Sie haben erleben können, wozu sie fähig sind, wenn sie an sich glauben. Damit haben sie etwas gelernt, was ihr ganzes Leben verändern wird.

Uni zeigt IBA: ein Projekt von Studierenden

Das Ruhrgebiet erlebt in den 90er-Jahren einen durchgreifenden strukturellen Wandel mit großen sozialen und wirtschaftlichen Herausforderungen. Mit Hilfe einer Internationalen Bauausstellung, der IBA Emscherpark, soll eine Region im Niedergang auf allen Ebenen gestärkt werden: ökologisch, sozial, ökonomisch, kulturell.[72] Das ehrgeizige Vorhaben mobilisiert viele Kräfte. Mit rund 2,5 Milliarden Euro aus öffentlichen Mitteln werden mehr als 100 Projekte gefördert. Die Vorhaben, die in Wettbewerbsverfahren ausgewählt werden, sind breit gefächert: Sie reichen von der kleinflächigen Sanierung einer alten Reithalle bis zur Renovierung alter Zechensiedlungen, Schaffung von Landmarken wie dem Tetraeder von Bottrop, Umwandlung des größten stillgelegten Gasometers in Oberhausen zu einer faszinierenden Ausstellungshalle; Umwandlung der einst größten Zechenanlage der Welt, der Zeche Zollverein in Essen, in ein Veranstaltungsensemble, in dem Geschichte, Kultur und Gegenwart eine überraschende Symbiose eingehen und das 2004 von der UNESCO zum Weltkulturerbe erklärt wird; Renaturierung ganzer Abschnitte des Emscherflusses und Schaffung von Grüngürteln und Landschaftsparks.

Da mich das Projekt fasziniert, führe ich 1999/2000 ein Universitätsseminar dazu durch. Es ist sehr gut besucht, so dass ich mir etwas ausdenken muss, damit möglichst viele sich engagieren können. Auf meinen Vorschlag hin bilden sich Gruppen von drei bis fünf Studierenden, die sich jeweils eines der IBA-Projekte vornehmen, um darüber zu berichten. Als das erste Team seine Arbeiten vorlegt, ist die Überraschung perfekt. Es handelt sich um eine Gruppe von Studierenden der Sozialarbeit und Sozialpädagogik, die – weil sie (damals noch) einem Fachhochschulstudiengang angehörten – von den Studierenden der Universitätsstudiengänge mit einer gewissen Herablassung behandelt wurden. Diese Studentinnen wollten offenbar zeigen, was in ihnen steckt: Das Referat ist hervorragend gegliedert, reich mit Bild- und Kartenmaterial unterlegt und die Präsentation eine wahre Freude. Da es das erste Referat ist, setzt es Maßstäbe. Wer nachfolgt, möchte gleichziehen und Vergleichbares leisten. So arbeiten die Gruppen mit Feuereifer weiter. Das Ergebnis zu Semesterende ist in jeder Weise ungewöhnlich: Obwohl das Seminar nicht als Lehrforschungsprojekt ausgeschrieben war, haben die Studierenden aus eigenem Antrieb eigenständige Recherchen mit großem Erfolg und reichem Ergebnis durchgeführt. Die Idee entsteht, weiterzuarbeiten.

So kommt es zu einem Nachfolgeseminar, an dem sich Einzelne aus dem ersten Seminar beteiligen. Andere stoßen hinzu und nutzen die Materialien, die bisher zusammengetragen wurden. Man will die Ergebnisse für das Internet aufbereiten. Ich selbst stehe dem Vorschlag offen gegenüber, muss aber eingestehen, dass ich nicht in der Lage bin, jemandem beizubringen, wie man Inhalte ins Internet stellt. Was ich nicht kann, können jedoch einzelne Studierende und studentische Mitarbeiter. So beschließen wir ein Experiment: Ich halte meine Hand konzeptionell über das Projekt; die Studierenden stehen demgegenüber gerade für die technische Seite, indem sie ihren Kommilitonen beibringen, Inhalte für das Internet aufzubereiten. Das Experiment gelingt. »Uni zeigt IBA«[73] geht ans Netz. Alle sind stolz: die einen, die sich mit Feuereifer in die Erforschung der Projekte gestürzt haben, die anderen, die sich der Herausforderung der neuen Technologien lernend oder lehrend gestellt haben, und last but not least ich als Dozentin, weil ich meine eigenen Grenzen lehrend und lernend durch die Zusammenarbeit mit den Studierenden überschreiten durfte.

Interkulturelle Veränderung: ein Projekt von und mit Schülerinnen und Schülern

Vor mir liegt ein Buch mit zahllosen Kindergesichtern.[74] Jedes verrät mir, dass es sich um ein Kind aus einem anderen Land und Kulturraum handelt. Und daneben lese ich Texte – doch lesen kann ich sie nicht wirklich. Sie sind in Sprachen abgefasst, die mir fremd sind, zum Teil sogar fremd bis hin zu den Schriftzeichen. Was ich da in den Händen halte, ist eine beeindruckende Bildergalerie ethnischer Vielfalt. Drehe ich das Buch auf den Kopf, zeigt es wieder ein anderes Bild: dieselben Kindergesichter, doch die Texte daneben sind nun in Deutsch geschrieben und ich beginne zu ahnen, was ich hier in Händen halte: ein Buch mit den Gesichtern von Schülern und Schülerinnen einer Schule in meiner Stadt Essen.

Gelegenheiten schaffen, bei denen Kinder Wertschätzung im Hinblick auf ihren kulturellen Hintergrund erfahren – das ist ein zentrales Anliegen der Gesamtschule Essen-Holsterhausen,[75] einer Agenda21-Schule, und ihrer Leiterin Margret Rasfeld. Junge Menschen aus 29 Nationen leben und lernen an dieser Schule, die sich seit ihrer Gründung 1997 dem Ziel verschrieben hat, Menschen mit unterschiedlichen Hintergründen und Bedürfnissen eine Chance zur Integration zu eröffnen. Ein Haus des Lernens will man sein, für Schüler und Schülerinnen ebenso wie für Lehrer und Lehrerinnen. Je größer die Unterschiede sind, als desto größer erlebt man auch die Herausforderung, das Zusammenleben zu lernen und Differenzen als Bereicherung wahrzunehmen. Dass derartige Innovationen nicht bei allen beliebt sind, zeigen vielfältige Konflikte um die Ausrichtung der Schule. Dennoch: Als Fundamente dieses »Hauses des Lernens« gelten:

- Lernen, Wissen zu erwerben,
- Lernen zusammenzuleben,
- Lernen zu handeln.

Die Buchpublikation (sie war Teil der Bewerbung Essens zur Kulturhauptstadt) ist nicht das einzige Projekt dieser Art. Und sie hatte einen Vorläufer. So wurde zum Jahrtausendwechsel an der Fassade des historischen Schulgebäudes ein fotografisches Wandfries mit den Gesichtern aller Kinder geschaffen. Die Botschaft für die Kinder: »Du zählst hier, du bist wichtig, auf dich vertrauen wir, auf deine Fähigkeiten können wir nicht verzichten, du kannst du selbst sein – du bist einzigartig, und alle anderen auch.« »Die Gesichter der Kinder sind das Gesicht der Schule«, das ist das Ethos dieser Schule, die seit kurzem mehr Anmeldungen erhält als sie Plätze bieten kann, ein in deutschen Gesamtschulen durchaus bemerkenswerter Vorgang.

Aus den Fotografien wurde schließlich ein Buch gemacht, das im Jahr 2005 erschien. Es ist ein ansprechend gestalteter Band mit Bildern und Texten einiger der Schüler und Schülerinnen, die über sich und ihre Herkunftsländer erzählen.

Interkulturelle Zusammenarbeit wird auch im Schulalltag und in der Verwaltung großgeschrieben. Jedes Kind aus einem neuen Herkunftsland wird auf einer Versammlung feierlich und freudig aufgenommen. Auch in Gremien wird auf eine interkulturelle Zusammensetzung der Mitglieder Wert gelegt. Und die Schule arbeitet mit Vereinen und Institutionen aus den Bereichen Weltmusik, Theater, Ausstellungen, Lesungen, aber auch mit Institutionen der Wirtschaft und der Politik zusammen. Weil dies alles Aufmerksamkeit erregt, erhält die Schule oft Besuch von Persönlichkeiten und Gruppen aus dem Ausland, von Korea über den Iran bis zu Südafrika.

Wertschätzung wird hier ganz praktisch gelebt. Die Vielfalt der Menschen, Kulturen und Sprachen soll einen Platz finden. Differenz wird ausgehalten und Einheit in der Differenz demonstriert. Doch es ist ein prekäres Gebilde. Nicht jedem passt ein solcher Versuch. Routinen stehen auf dem Prüfstand oder werden durchbrochen, Mehrarbeit fällt an, bürokratische Hemmnisse stehen im Wege, Angst und Unsicherheit wirken als Blockaden. So ist dieser, wie so mancher Versuch in Deutschland, Wertschätzung in den Alltag einer interkulturell zusammengewürfelten Schulgemeinschaft zu bringen, gefährdet und bedarf der engagierten Verteidigung durch all diejenigen, die die zwingende Notwendigkeit eines solchen Weges erkannt haben.

Kirchen und Glaubensgemeinschaften

Vom »richtigen« Glauben zum Wissen um die Einheit

Es gibt nur EINE Religion,
die Religion der Liebe.
Es gibt nur EINE Sprache,
die Sprache des Herzens.
Es gibt nur EINE Kaste,
die Kaste der Menschheit.
Es gibt nur EINEN Gott,
er ist allgegenwärtig.

Sathya Sai Baba

Auf Irrwegen

Wenn ich als junges Mädchen meinen Onkel besuchte, wiederholte sich ein Ritual, das ich nicht verstand. Innerhalb kürzester Zeit wurden alle Anwesenden in die Frage verwickelt, ob diese oder jene Auffassung auf religiösem Gebiet richtig oder falsch sei. Meist ging es darum, dass jemand angeblich Auffassungen vertreten habe, die nicht korrekt seien. Mir waren diese Gespräche fremd, ja unangenehm.

Später begegnete mir Lessings *Nathan der Weise*. Diese große Gestalt in Lessings Drama verkündet eine Botschaft, die ich akzeptieren konnte: Es ist nicht erheblich, welcher Religion du dich zugehörig fühlst. Wichtig ist nur, dass du dich für einen Weg zu Gott entscheidest und ihn gehst. Zu dieser Auffassung konnte ich Vertrauen fassen. Über keiner Religion den Stab zu brechen, das kam meinem innersten Bedürfnis entgegen: Frieden zu machen mit mir, meiner Umwelt und meinem Gott. Als Erwachsene und spirituelle Sucherin fand ich schließlich in Indien Sathya Sai Baba, der die Einheit aller Religionen lehrt und dem Millionen Menschen in aller Welt in dieser Botschaft folgen.[76] Hier fühlte ich mich schließlich zu Hause: Religionen als Wege zu Gott zu erkennen, jede auf ihre Weise, jede mit derselben Berechtigung als Ausdruck des spirituellen Sehnens der Menschen – das war und ist für mich eine Basis, in der ich im Frieden mit mir und anderen sein kann.

Die grundlegende existenzielle Frage des Menschen nach dem Woher und Wohin stellt sich in allen Kulturen und zu allen Zeiten. Entsprechend vielfältig sind die Antworten. Sie kleiden sich in unterschiedliche Bilder, in unterschiedliche Worte, in unterschiedliche Regeln und Rituale. Und doch sind sie alle Ausdruck menschlichen Sehnens nach der Urquelle, aus der wir hervorgegangen sind. Anzunehmen, dass diese Urquelle nur auf einem Wege entdeckt und gefunden werden könne, ist schlechterdings absurd. Religionen sind Ausdruck menschlichen Suchens – in allen Zeitaltern und in allen geographischen und kulturellen Räumen. Angesichts dieser Fülle zu behaupten, es gäbe nur einen Weg zu Gott, ist, als würde man behaupten, dass die Menschheit nur eine einzige Sprache spricht. Das Gegenteil ist der Fall: Wo immer Menschen miteinander kommunizieren, haben sie ihre eigene Sprache entwickelt. Das gilt auch für die Religionen als Sprachen der menschlichen Beziehung zu Gott. Gemeinsam ist diesen nur – wie das obige Zitat sagt –, dass sie der Sprache des Herzens Ausdruck geben wollen.

Die Kirchen haben an dem verhängnisvollen Dogmatismus, der zwischen dem rechten und dem falschen Glauben unterscheidet, großen Anteil. Kirchen sind Antworten auf das menschliche Bedürfnis nach Sicherheit und Orientierung in religiösen und spirituellen Fragen. Sie geben dem jeweiligen Glauben Fundament, Richtung und Beständigkeit. In der Unterscheidung zwischen »richtig« und »falsch«, zwischen »gut« und »böse« praktizieren sie jedoch eine Ethik, welche die einen einschließt und die anderen ausschließt. Solch polarisierende Ethik lässt sich gut zur Machtausübung instrumentalisieren. Wenn die Aufwertung des eigenen Weges zu Gott auf der Entwertung und Abwertung anderer Wege zu Gott fußt, dann hat dies mit der Botschaft der Liebe nichts mehr zu tun. Statt die Einheit alles Geschaffenen zu betonen, treibt es einen Keil in diese Einheit.

Grundlagen der Einheit

Die Veden geben eine bis heute gültige Antwort auf die Suche nach der Einheit. Die Veden sind offenbartes Wissen.[77] Es wurde von Rishis, den großen Sehern des alten Indien, empfangen und niedergeschrieben. Die Veden begründen keine Religion, doch ihr Wissen hat in alle Hochreligionen Eingang gefunden. Sie formulieren Grundlagen, die religionsübergreifend sind, weil sie der Einheit von Gott und Schöpfung Ausdruck geben. In den Worten Vivekanandas, der das vedische Wissen Ende des 19. Jahrhunderts in den

Westen brachte und zwischen dem »dualistischen« und »advaitischen« Wissen unterscheidet:

»Der Dualist glaubt, dass Gott sich außerhalb des Universums befindet, irgendwo im Himmel, der Advait dagegen, dass Er seine eigene Seele ist und dass es eine Blasphemie wäre, Ihn in die Ferne zu rücken. Jede Trennung wäre schrecklich für ihn. Er ist der Naheste vom Nahen. Es gibt kein Wort, das diese Nähe ausdrücken kann, mit Ausnahme von Einheit.«[78]

Advaita, die Lehre von der Non-Dualität, sagt, dass die ganze Schöpfung der Körper Gottes sei. Es gibt nur Eines, neben dem kein Zweites ist. Brahman (das Schöpfungsprinzip) hat, um sich selbst zu begegnen, Atman hervorgebracht, aus dem die Welt der Formen entstanden ist. In dieser Welt der Formen ist alles vergänglich, bis auf den Atman, den göttlichen Funken, der jedem innewohnt. Damit formulieren die Veden eine Philosophie der Einheit alles dessen, was jemals geschaffen wurde und jemals geschaffen werden wird. Die advaitische Philosophie ist fest im Grundsatz der Einheit verankert. Doch im Gegensatz zu anderen spirituellen Lehren bekämpft die Advaitaphilosophie niemanden, der andere Auffassungen vertritt. Nochmals mit den Worten Vivekanandas:

»Die Dualisten auf der ganzen Welt glauben an einen persönlichen Gott, der menschliche Züge hat und, wie die großen Herrscher dieser Welt, mit einigen zufrieden und mit anderen unzufrieden ist. Er findet abwechselnd an diesen oder jenen Menschen oder Völkern Gefallen und überschüttet sie mit Seinem Segen. Der Dualist kommt natürlich zu dem Schluss, dass Gott Günstlinge hat, und hofft, einer von ihnen zu sein. In fast jeder Religion findet man die Vorstellung: Wir sind die

Auserwählten unseres Gottes, und nur wer unseren Glauben teilt, kann Seine Gunst erlangen. Einige Dualisten sind so engstirnig, dass sie darauf bestehen, dass nur wenige von Gott Auserwählte gerettet werden können. Der Rest mag sich noch so sehr bemühen, er wird nicht akzeptiert werden. Zeigen Sie mir eine dualistische Religion, die nicht mehr oder weniger diese Exklusivität besitzt. Deshalb – das liegt in der Natur der Dinge – kämpfen und streiten die dualistischen Religionen miteinander, und das haben sie immer getan. Gleichzeitig erfreuen sich die Dualisten allgemeiner Beliebtheit, weil sie sich an die Eitelkeit der Ungebildeten wenden, denen sie das Gefühl geben, im Besitz besonderer Vorrechte zu sein.«[79]

Die christlichen Kirchen bilden dabei keine Ausnahme. Obwohl es eine Religion der Liebe ist, obwohl Jesus am Kreuz gesagt hat: »Ich und der Vater sind Eins«, verkünden die christlichen Kirchen eine Spaltung zwischen Gläubigen und Ungläubigen. Die christlichen Kirchen, insbesondere der Katholizismus, missionieren immer noch mit der Vorstellung, das Christentum sei der einzig selig machende Weg. Menschen zum Christentum zu bekehren, sei darum ein Weg, sie vom Unglauben zu »retten« und vor den Qualen der Hölle für die Gottlosen zu bewahren. Unsägliches Leid hat diese Selbstüberschätzung von Christen (und nicht nur von Christen) und ihren Kirchen über die Menschheit gebracht. Es hat nicht nur Unfrieden zwischen Völkern und Kulturen gesät, sondern auch Unfrieden in den Herzen von Menschen.

Wenn sich heute so viele Menschen von den verfassten Kirchen abwenden, so hat dies nicht zuletzt hierin seinen Grund. In meinen Seminaren erlebe ich es immer wieder, wie tief die Verletzungen von Menschen sind, die sich einem kirchlichen Dogmatismus und der Vorstellung von einem strafenden Gott ausgeliefert sehen. Menschen spüren, dass sie hier für Zwecke vereinnahmt werden, die mit ihren spirituellen Bedürfnissen und ihrer spirituellen Suche wenig zu tun haben. Der historischen Gestalt eines Jesus von Nazareth ist dies nicht anzulasten. Es ist ein Ergebnis dessen, was Menschen und ihre kirchlichen Institutionen aus dem christlichen Glauben gemacht haben und was heute viele Menschen vom Glauben der Kirchen abbringt. Wenn sie dennoch weitersuchen, so können sie ihre spirituelle Sehnsucht immer dort stillen, wo die Liebe Gottes als allgegenwärtig, allmächtig und allwissend angenommen wird – als eine einbeziehende und nicht als eine ausgrenzende Kraft.

Erich Neumann, Schüler von C.G. Jung, hat das, was Menschen heute suchen, unter den Begriff der »Neuen Ethik« gestellt:

»Während die Endvorstellung der alten Ethik Teilung, Differenzierung und Aufspaltung war, wie es in der mythologischen Projektion des Jüngsten Gerichts als Sonderung der Böcke von den Lämmern, der Guten von den Bösen formuliert war, ist das Leitbild der neuen Ethik die Vereinigung der Gegensätze in einer einheitlichen Struktur. Aus der Fülle der widerstrebenden Kräfte, der Vielfalt der Gegensatzpaare ist eine Struktur herzustellen, welche die Gegensätze in sich bindet und in der die Mannigfaltigkeit der Gegensätze in der Festigkeit einer übergeordneten Einheit zusammengehalten wird. Je stärker die gebundene Gegensatzspannung ist, je mehr polare Kräfte in die neue Verbindung eingehen, desto vollwertiger ist die erreichte Struktur.«[80]

In diesem Sinne steht es heute an – trotz und gerade wegen der Vielfalt der Religionen –, eine Struktur des Neben- und

Miteinanders zu entwickeln, in der alle sich wechselseitig in ihrem Streben nach Gott respektieren und wertschätzen. Wenn wir die unterschiedlichen Religionen als Wege zu Gott anerkennen, dann können wir uns in der Liebe treffen, die uns alle hervorgebracht hat und in der wir als untrennbare Einheit verbunden sind.

Einheit der Religionen in der Praxis

Ein Zelt des Glaubens

In Essen ist der Karneval der Kulturen im Gange. Es ist ein großes Fest, an dessen Gestaltung sich unzählige Gruppen aus der näheren und weiteren Umgebung beteiligen. Mit einem prachtvollen Umzug präsentiert sich, wer immer für sich in Anspruch nimmt, eine Kultur zu vertreten. So finden sich die Muslime aus dem Maghreb ebenso wie solche aus dem Nahen Osten; die Türken zeigen sich ebenso wie die Afrikaner; die Menschen von Kaukasus und Balkan ebenso wie die Latinos aus Lateinamerika. Es ist eine unübersehbare, farbenfrohe und freudige Demonstration der Fähigkeit, friedlich und tolerant miteinander umzugehen. Man präsentiert sich mit Kostümen, Instrumenten, kulinarischen Köstlichkeiten. Doch nicht nur dies:

Mitten auf dem großen Areal, auf dem der Umzug endet, findet sich neben Buden, Bühnen und Ständen ein »Zelt des Glaubens«. Es ist ein kleines Rundzelt, in das etwas ganz Besonderes eingeladen wurde: Gottesdienste aus allen Religionen. Initiator ist der umtriebige und kreative Citypfarrer der Essener Kreuzeskirche, Steffen Hunder. Er hat sie eingeladen:

die Muslime, die Juden, die Christen, die Bahai, die Hindus, die Buddhisten ... Sie alle kommen und nehmen sich die Zeit und den Raum, um auf ihre eigene Weise Gott zu ehren und zu feiern. Es ist ein bewegender Reigen: Die einen bringen Lachen, Singen und Fröhlichkeit; die anderen suchen die Stille und Kontemplation; die Dritten nähern sich Gott in Wort und Gebet. Alles hat seine Gültigkeit, alles darf sein. Der Funke springt über: Viele Besucher lassen sich ein. Sie hören zu, singen mit, meditieren, verankern sich im gemeinsamen Schweigen oder lassen sich von ausgelassener Fröhlichkeit mitreißen.

United Religions Initiative

Das letzte Beispiel für einen wertschätzenden Umgang zwischen den unterschiedlichen Religionen sind Initiativen, die sich intensiv um eine Verständigung zwischen den Religionen bemühen. Dazu ist zwischen interreligiösen Dialogen und transkonfessionellen Ansätzen zu unterscheiden.

Der transkonfessionelle Dialog bemüht sich, die gemeinsamen Wurzeln aller Religionen wieder freizulegen. Transkonfessionalität negiert nicht die jeweiligen religiösen Wurzeln, doch es überschreitet sie im Spirituellen. Transkonfessionalität gründet sich in der mystischen Tradition, die sich aus dem Bewusstsein der Einheit alles Geschaffenen speist und die zur Einheit, zur Unio Mystico, einlädt und befähigt. Solche mystischen Traditionen gibt es in jeder Religion. Im Christentum lebten und lehrten z.B. die Mystiker Meister Eckhart, Johannes vom Kreuz, Hildegard von Bingen oder Theresa von Avila, im Islam sind es die Sufis, im Judentum die Kabbalisten, im Hinduismus sind es die Advaitisten, d.h. die Anhänger der Non-Dualität.

Ein moderner christlicher Mystiker ist der Benediktinerpater Willigis Jäger. Angeregt durch die Spiritualität des Fernen Ostens findet er in der Mystik eine Verbindung von Christentum und Zen-Buddhismus. Vom heutigen Papst und vormaligen Kardinal Ratzinger wurde ihm deswegen in dessen Funktion als Vorsitzendem der Glaubenskongregation der Katholischen Kirche die Lehrbefugnis entzogen. Seine neue Heimat ist seit 2003 der Benediktushof, ein Seminarzentrum bei Würzburg. Nunmehr bereits über 80 Jahre alt, erreicht er mit seinen Schriften und Angeboten unzählige Menschen im In- und Ausland.[81]

Der interreligiöse Dialog sucht nach Wegen, wie die verschiedenen Religionen respektvoller miteinander umgehen können und wie gemeinsame Grundlagen auszumachen sind. Dem interreligiösen Dialog verpflichtet sind z.B. die »Stiftung Weltethos« von Hans Küng[82] oder die »United Religions Initiative«.[83] Letztere ist eine wachsende internationale Gemeinschaft mit dem Ziel, interreligiöse Kooperationen im Alltag zu fördern und Frieden und Gerechtigkeit zwischen Religionen und Kulturen zu schaffen. 1996 gegründet, zieht sie Menschen aus allen Ländern an, die ihre innersten Werte und Verantwortungen verwirklichen wollen und dabei an ihren kulturell-religiösen Wurzeln festhalten möchten. Interessierte finden sich in örtlichen Cooperation Circles zusammen, die aus mindestens sieben Personen aus drei oder mehr verschiedenen Religionen bestehen und ihre Aktivitäten selbst koordinieren. Ein besonderes Augenmerk gilt den Stimmen in der Gesellschaft, die normalerweise nicht gehört werden. Die Werte der »United Religions Initiative« werden in ihren Prinzipien deutlich.[84] Einige davon sind:

- Respekt für die Einzigartigkeit von Individuen, Kulturen und Religionen fördern,
- Religion und Spiritualität als Faktor für Einigkeit statt Abtrennung,
- Förderung des Friedens und der Gerechtigkeit in der Welt,
- Heilung und Schutz für die Natur,
- Beteiligung aller gesellschaftlichen Gruppen,
- Hilfe und Solidarität für Menschen in Not.

Wertschätzung der natürlichen Mitwelt

Die Welt hat für jedermanns Bedarf genug,
aber nicht für jedermanns Habgier.

Mahatma Gandhi

Wo Menschen sich und einander wertschätzen, entwickelt sich nicht nur Frieden in der Gesellschaft. Es folgt auch ein achtsamerer Umgang mit der Natur. Wer lernt, nach innen zu horchen, lernt auch, auf die Bedürfnisse der menschlichen und der natürlichen Mitwelt zu achten. Wir entwickeln dann ein Gespür für das Wirken der Natur und beginnen achtsamer und respektvoller mit ihr umzugehen. Wertschätzung ist letztlich unteilbar. Sie bezieht alles mit ein: die eigene Person, die Mitmenschen und die natürliche Mitwelt, denn sie geht von dem Wissen um die Einheit alles Lebendigen aus.

Spalten wir aus dieser Einheit etwas ab und entwerten es, dann spalten wir auch etwas ab von uns selbst. Dies zeigt sich über kurz oder lang. Innere Abspaltungen und Verdrängungen drücken sich in seelischen Verstimmungen und körperlichen Beeinträchtigungen aus. Kollektive Abspaltungen offenbaren sich in sozialem Unfrieden, in inhumanen Ausbeutungsverhältnissen und in kriegerischen Auseinandersetzungen. Die Abspaltung vom Wissen um unsere Einheit mit der Natur zeigt sich in ökologischen Verwüstungen und Umwelt- und Naturkatastrophen wie Tsunamis, Erdbeben, Klimaveränderungen, Dürrekatastrophen, Überschwemmungen, Seuchen und Plagen. Sie lehren uns, wieder mehr auf die Sprache der Natur zu hören.

Ökologen warnen seit Jahrzehnten davor, dass die Folgen der menschlichen Zivilisation für die Ökosphäre verhängnisvoll und nicht mehr kontrollierbar und steuerbar seien. Menschen haben in bisher nie dagewesenem Ausmaß Boden, Wasser, Luft und Atmosphäre mit Umweltmüll belastet. Weil alles mit allem zusammenhängt, ist nicht genau vorhersehbar, wo und wie weitere und noch schwerwiegendere mittel- und langfristige Folgen auftreten werden. Doch die Fachliteratur ist voll von Schreckensszenarien: Abschmelzen der Polkappen, Überschwemmung und Überflutung ganzer küstennaher Landstriche oder ganzer Inselstaaten, Erdbeben und Vulkantätigkeit, Feuersbrünste, Ausdehnung der Wüsten ... Viele dieser Prognosen haben sich längst bewahrheitet. Doch dies hat bislang nicht zu einer umfassenden Umorientierung geführt. Der Übergang zu einem nachhaltigen Lebensstil steht weltweit aus. Bislang geschieht eher »business as usual«, d.h. die Fortsetzung des Bisherigen und das trotz weltweiter Bemühungen der verschiedensten Akteure.

Der Tsunami vom 26. Dezember 2004 in Südostasien mit über 238.000 Toten[85] ist die erste große Naturkatastrophe, die ein weltweites Echo gefunden hat. Er war der Auslöser für die größte umweltbezogene Hilfsaktion aller Zeiten. Was hier geschah, ist jedoch reaktive Politik: Katastrophenbekämpfung statt Vorbeugung. Erst in der Krise oder Katastrophe entdecken wir offenbar die Abhängigkeit vom »Funktionieren« der Natur. Wollen wir jedoch von einer reaktiven zu einer nachhaltigen und gestaltenden Politik gelangen, die die Ordnung der Natur respektiert, dann brauchen wir eine völlig neue Beziehung zur Natur. Wir brauchen eine konviviale oder mitweltliche Beziehung anstelle einer Beziehung der Ausbeutung und Unterwerfung durch den Menschen.

Die Umweltschutzpolitik, national wie international, ist dafür nicht mehr als ein Anfang. Die internationale Umweltpolitik und insbesondere die UNO bemühen sich seit Jahrzehnten um eine Verbesserung des Umweltschutzes. Mit den großen UN-Weltkonferenzen für Nachhaltige Entwicklung von Rio de Janeiro 1992 (Erdgipfel) und der Nachfolgekonferenz »Rio +10« in Johannesburg 2002, dem Milleniumsgipfel 2000 und zahllosen weiteren Aktivitäten zu spezifischen Umweltproblemen (Wasserknappheit, Wüstenbildung, Abholzung, Klimawandel, Biodiversitätsverlust u.a.) sollen Maßnahmen angeregt und koordiniert werden, mit deren Hilfe man die vorhandenen und absehbaren Umweltprobleme in den Griff bekommen und neue verhindern will.[86] Da die Regierungen und die supranationalen Organisationen aus eigener Kraft nicht in der Lage sind, die Probleme hinsichtlich Breite und Tiefe zu bewältigen, hat die UNO seit Rio de Janeiro die so genannten NGOs (Non-Governmental Organizations, die Nicht-Regierungs-Organisationen) mit einbezogen. Sie vertreten den gesellschaftlichen Sach- und Fachverstand, von den Umweltschutzverbänden bis hin zu den Stadt- und Regionalplanern, den Vertretern und Vertreterinnen von Frauen, Jugend, Kirchen usw. Damit gelang es, eine sehr viel breitere Aufmerksamkeit für die Umweltthematik zu erzeugen.

Der zweite wichtige Ansatzpunkt sind Umweltschutzauflagen, wie sie national und international formuliert und durchgesetzt werden. Sie sind der harte Kern einer Politik der Nachhaltigkeit. Die Eindämmung der CO^2-Emissionen mit Hilfe des Kyoto-Protokolls war der erste große Erfolg dieses Ansatzes. Das Klimaschutzabkommen von Kyoto sollte der zweite große Erfolg werden.[87] Im Verlauf seiner Verhandlungen wurden die geplanten Maßnahmen jedoch immer weiter verwässert, und bis heute (2006) steht die Ratifizierung des Abkommens durch den größten CO^2-Verursacher USA aus. Dennoch ist der ordnungspolitische Weg ein wichtiger Weg: Die nationalen Regierungen werden auf die Durchsetzung von Standards verpflichtet und müssen dementsprechend ordnungspolitische Regeln erlassen, welche die Industrie und die Verbraucher auf eine stärkere Berücksichtigung der natürlichen Ressourcen verpflichten.

Solche Maßnahmen haben einen geringen Grad von Freiwilligkeit. Sie sind nötig, weil sich offenbar heute ohne Zwang nichts bewegen würde. Die Frage bleibt gleichwohl, ob die Menschheit nicht in der Lage ist, ein anderes Verhältnis zur Natur zu entwickeln, das von Achtsamkeit, Wertschätzung und Respekt gekennzeichnet ist. Können wir lernen, die Einheit mit der Natur (wieder) mehr wahrzunehmen, zu fühlen, zu denken und dementsprechend zu handeln?

Es gibt Menschen, die immer noch einen innigen Dialog mit der Natur praktizieren. Wir begegnen ihnen bei den indigenen Völkern, d.h. bei den Nachkommen alter Kulturen, die naturnah lebten und die heute immer noch eine enge Beziehung zur Natur praktizieren. Es gibt diese Menschen noch – in Asien ebenso wie in Amerika oder Afrika. Oft handelt es sich um traditionelle Schamanen, Medizinmänner und -frauen, um Heiler und Weise ihrer Völker. Sie leben eine Tiefendimension im Umgang mit der Natur vor, die dem rationalistischen Weltbild des Westens fremd ist. Für sie ist die natürliche Mitwelt ein belebter Kosmos mit sichtbaren und unsichtbaren Kräften, die auf eine Kooperation mit dem Menschen angelegt und angewiesen sind. Dieses Verhältnis von Mensch und Natur ist nicht ökologisch, sondern »tiefenökologisch«, wie Arne Naess dies genannt hat.[88] In der Tiefenökologie geht es nicht um die oberflächliche Schadensbegrenzung von Umweltschäden. Es geht um eine achtsame Haltung gegenüber der Natur, die sich aus spirituellen Quellen speist und die sich in Gedanke, Wort und Tat äußert. Tiefenökologen erfahren die Einheit von Mensch und Natur, von den sichtbaren und den unsichtbaren Welten.

Es folgen nun Beispiele für eine tiefenökologisch inspirierte Wertschätzung der Natur. Keines dieser Beispiele macht Umweltpolitik oder Umweltschutzabkommen überflüssig. Im Gegenteil. Es ist zu vermuten, dass derartige Abkommen und Maßnahmen leichter auf den Weg zu bringen und durchzusetzen sind, wenn sich mehr Menschen auf diese grundlegende Einheit mit der Natur ausrichten. Im ersten Abschnitt berichte ich von meinen Erfahrungen unmittelbar nach dem Tsunami von 2004 in Sri Lanka und Indien. Im zweiten

Abschnitt geht es um Maßnahmen der Erdheilung in Essen. Und im dritten Abschnitt werden Lebensgemeinschaften erwähnt, die sich stärker an einer tiefenökologischen Haltung orientieren.

Von der Katastrophenbekämpfung zur Kooperation mit der Natur

Eine Reise nach Sri Lanka nach dem Tsunami

»Fahre nicht!« »Es ist der reine Irrsinn, jetzt zu fahren!« – solche Warnungen erreichten mich unmittelbar nach dem Tsunami vom 26. Dezember 2004. Ich hatte eine Ayurveda-Kur in Sri Lanka gebucht und geplant, am 31. Dezember 2004 zu fliegen. Nun stand ich vor der Frage, ob ich an meinen Plänen festhalten solle. Sri Lanka war eines der am stärksten betroffenen Länder mit – wie sich bald herausstellen sollte – rund 30.000 Toten und annähernd einer Million Menschen, die durch die Flutkatastrophe ihr Hab und Gut verloren hatten. Was also sollte ich tun? Sollte ich den Warnungen folgen oder sollte ich wider alle Ängste darauf vertrauen, dass nach der Zeit der Katastrophe nun die Zeit der Rettungsmaßnahmen begonnen hatte? Schließlich war zu vermuten, dass es Regionen auf Sri Lanka gab, in denen das Leben wie eh und je seinen Fortgang nahm und die Medien dies wie üblich nicht transportierten.

Mein Telefonat mit dem verantwortlichen Ayurveda-Arzt Dr. Jayanath Abeywickrama, den ich von Deutschland her kannte, klang beruhigend: »Hier ist eine Oase des Friedens. Wir arbeiten wie gewohnt. Wir erwarten Sie und freuen uns, wenn Sie kommen.« So beschloss ich, an meinen Plänen festzuhalten, solange ich keinen tief greifenden inneren Impuls gegen die Reise spüren würde. Kinder und Freunde respektierten es – wissend, dass ich derartige Entscheidungen nicht von äußeren, sondern von inneren Gewissheiten abhängig mache.

Erste Eindrücke

Das Flugzeug, fünf Tage nach dem Desaster, teilte ich vor allem mit Hilfsteams und Hilfsgütern: dem Roten Kreuz, Apothekern ohne Grenzen, Einheimischen ... Sie alle führten Tonnen von lebenswichtigen Gütern mit sich.

Ich selbst kämpfte vor allem mit der Frage, ob ich überhaupt das Recht habe, in ein Land in derart großer Not zu fliegen, ohne mich in den Reihen der Helfenden zu finden. Dass ich vorab Geld gespendet hatte, beruhigte kaum. Die Vorstellung, mit dem Zweck dieser Reise vor allem an mich zu denken, belastete mich. Zugleich wusste ich, dass diese Kur für mich sehr wichtig war, um endlich an Körper, Seele und Geist wieder aufzutanken. Und ich fragte mich, ob Vertrauen in ein Land in Not vielleicht auch ein Beitrag für dessen Gesundung sein könne.

Am Flughafen erwarteten mich mein Arzt und viele strahlende, leuchtende Augen. Jedes Mal, wenn ich in Asien ankomme, berühren sie mich; jedes Mal, wenn ich abfliege, vermisse ich sie schmerzlich. Hier nach dem Tsunami strahlten sie mich an, wie eh und je.

Der Wagen brachte mich zu einer Unterkunft in relativer Strandnähe. Es war ein gepflegter Appartementbau, in dessen Wahl ich einwilligte. Die beruhigenden Worte des Arztes und der stabile Bau, den das Wasser kaum erreicht hatte, gaben mir ein Gefühl der Sicherheit.

Nach einiger Zeit wagte ich mich an den Strand. Dramatische Unterschiede waren zu erkennen: Auf einer Strecke von 1000 Metern wechselten sich völlige Verwüstung und intakte Gebäude ab. Die Flutwelle war höchst wählerisch vorgegangen: Ihr ungebremster Zorn traf die einen und verschonte die anderen. Angespülte Kleiderberge zeugten von der mörderischen Kraft der Wassermassen; träge dümpelten sie in den Wellen vor sich hin. Nicht überall waren Menschen umgekommen; mir wurden auch Rettungsgeschichten erzählt, die den Glauben an Wunder wecken können.

Heilung auf allen Ebenen oder Wellness?

Mein Ziel war »Rankema«, deutsch »Die goldene Oase«, der Ort, an dem Dr. Abeywickrama praktiziert. Dieses kleine Ayurveda-Zentrum liegt rund 15 km von der Küste entfernt in Richtung Berge. Seine Inbetriebnahme lag erst kurz zurück. Was mich aufhorchen ließ, waren die Bedingungen seiner Entstehung.

Mitte 2003 bestand für Dr. Jayanath Abeywickrama Gewissheit: Sri Lanka würde eine Flutkatastrophe erleben. Zu dieser Überzeugung war er durch Meditation und Gebet gelangt. Wann es passieren würde, wusste er nicht. Nur dass es geschehen würde. Als Arzt, der sich auf eine mehr als 4000 Jahre alte Linie der Heiler und Seher zurückführt, versenkt er sich regelmäßig in Meditation und Gebet und zieht daraus Weisung. So auch in diesem Fall: Als er im Oktober 2003 aus Deutschland zurückkehrte, entschied er sich für einen radikalen Wechsel. Er löste seine bisherige Praxis unmittelbar an der Küste auf und verlagerte sie landeinwärts in eine höher gelegene Region.

Bis zu diesem Zeitpunkt hatte Dr. Abeywickrama das Ayurveda, die »Wissenschaft vom langen gesunden Leben«, in einem Luxushotel in Mount Lavinia südlich von Colombo, direkt am Meer, praktiziert. Obgleich noch sehr jung, tat er dies von Anfang an auf eine höchst ungewöhnliche Weise: Seiner Tradition verpflichtet, schuf er eine spirituelle Umgebung mit Meditation, Gebet und dem Singen heiliger Mantren. In diesem besonderen Raum der inneren Einkehr half er Menschen, körperlich, seelisch und geistig heil zu werden. Er lebte ihnen vor, dass ein »langes gesundes Leben« etwas damit zu tun hat, ob wir uns mit unserer geistig-spirituellen Dimension verbinden.

Seine phantastischen Erfolge machten ihn weit über den Ort seines Wirkens bekannt. Das internationale Publikum eines Luxushotels tat dazu sicherlich einiges. Doch im Gegensatz zu dem Geist, den er um sich schuf, ist ein solcher Ort Ausdruck des materiellen Überflusses. Zwischen Swimmingpools und ausladenden Büffets geben Menschen Unsummen für Wellness und Schlemmereien aus. Wenig regt sie in diesem Ambiente an, sich tiefer auf die Fragen einzulassen, die letztlich darüber bestimmen, ob sie im Frieden mit sich und mit ihrem Umfeld sind und damit ein »langes gesundes Leben« führen können.

Wie gesagt: Wann und wie die Flutkatastrophe passieren würde, ahnte Dr. Abeywickrama nicht. Doch rückblickend

15 Monate vor der Flut brach er endgültig die Zelte an der Küste ab. Seine Vorahnungen und die grundlegend andere Ausrichtung seiner Arbeit ließen in ihm keine Zweifel aufkommen. Er lehnte alle Versuche ab, ihn zu halten, und begann zum Jahreswechsel 2003/2004 seine neue Praxis einige Kilometer landeinwärts. Der Name Rankema, die goldene Oase, war für ihn Programm. Fortan praktizierte er in diesem kleinen Zentrum inmitten der Natur. Es strahlt Ruhe, Zentrierung und Schönheit aus, die von innen kommen und nach innen führen. Hier konnte ich alle meine Antennen ausfahren und mich vertrauensvoll einlassen in einen Prozess, der mich auf allen Ebenen nährte – körperlich, seelisch und geistig.

Die unmittelbare Erfahrung des Tsunami

Welche Erfahrungen machten die Gäste in diesem Umfeld mit dem Tsunami? Nach meiner Ankunft konnte ich einiges davon in Gesprächen und durch Aufzeichnungen der Betroffenen erfahren:

Am Morgen des 26. Dezember, dem Tag des Tsunami, war das Zentrum wie gewohnt in Betrieb. Doch dabei sollte es nicht bleiben. Unvermittelt rief Dr. Abeywickrama seine Mitarbeiter und Gäste zusammen und teilte ihnen mit, eine Katastrophe sei im Gange. Menschen bräuchten dringend Hilfe. In dieser Situation könne man nicht weiterarbeiten, sondern müsse sich in Meditation und Gebet versammeln. Gekommen war er dazu aufgrund seiner Intuition und inneren Schau.

So verbrachte diese kleine Gruppe von Menschen die ersten Stunden der Tsunami-Katastrophe gemeinsam in seinem Konsultationsraum – meditierend und betend, ohne zu wissen, warum sie dazu aufgefordert worden waren. Ihre Fragen, was denn passiere, ließ er unbeantwortet. Man werde es am nächsten Tag sicherlich in der Zeitung lesen können. Schließlich wurde die gewohnte Routine der Arbeiten wieder aufgenommen. Später begleitete er seine beiden ausländischen Gäste zurück zum Hotel am Strand, weil er – wie er sagte – nicht wisse, bis wohin die Wassermassen gekommen seien und ob sie freien Zugang zum Hotel haben würden.

Ich selbst verstand nun, warum ich meine Reise so vertrauensvoll angetreten hatte. Als Jayanath Abeywickrama mir am Telefon mitteilte, es werde nichts mehr passieren, hatte ich mich intuitiv auf ein Wissen eingelassen, das mir vertrauenswürdiger erschien als die vielen aufgeregten Expertenmeinungen in den Medien.

Kommunikation mit der Natur

> »Wir müssen verstehen,
> warum die Natur so aggressiv war!«
>
> *Jayanath Abeywickrama*

Die tiefere Bedeutung dieser Naturkatastrophe zu verstehen ist das eigentliche Anliegen meines sri-lankischen Gastgebers und Arztes. Er nimmt mich mit auf eine Tour ins Landesinnere, hin zu den Quellen, aus denen er sein Wissen und seine Weisheit schöpft.

Der Weg führt uns an heilige Orte in den Bergen, wo die Wissenschaft des Ayurveda zu höchster Blüte gelangt ist. Behauene Steintreppen, Tempelanlagen und Plattformen zeugen davon, dass hier bereits vor Tausenden von Jahren reges Leben herrschte. Es war ein Platz der Rishis, der Seher, und später der buddhistischen Mönche. Hier lebten sie, meditierten und forschten. Hier finde man einige der seltensten und wichtigsten Heilkräuter, erzählt er mir. Jede Pflanze, die auf Sri Lanka und im Himalaja wächst, sei an diesem Ort zu finden. Die Natur wolle dem Menschen zeigen, dass sie alles für ihn bereitstellt, sofern er mit ihr zusammenarbeitet. Er selbst sucht diesen Platz immer wieder auf, um spezielle Pflanzen zu suchen, die seine Patienten brauchen.

Wir gehen immer tiefer in die Berge hinein, steigen die zahllosen in Stein gehauenen Stufen hoch, erklimmen immer größere Höhen, gelangen zu heiligen Plätzen, die den Blick in das umliegende Land freigeben. Und er erzählt mir davon, welche innere Haltung die Menschen hatten, die hier das ursprüngliche Ayurveda, die »Wissenschaft vom langen gesunden Leben« pflegten: »Die Erde gibt die Signale, die wir nicht versuchen zu verstehen[89].«

Die Seher und Mönche kommunizierten auf das Innigste mit der Natur. Sie lauschten auf ihre Geheimnisse, fanden innere Zusammenhänge heraus, entdeckten, welche Kraft die einzelnen Pflanzen besitzen und wie und unter welchen Umständen sie auf Menschen einwirken. Es waren erleuchtete Seelen, die mit innerer Gewissheit erkannten, dass Mensch und Natur eins sind und dass wir als ein Teil der Natur von ihr genährt und unterstützt werden. Achtsam erspürten sie Wege für eine vertrauensvolle Kooperation und wussten zugleich, dass die Natur antwortet und sich wehrt, wenn sie missachtet wird.

Mein sri-lankischer Arzt sieht sich in dieser Tradition der Zusammenarbeit von Mensch und Natur. Und aus ihr erwachsen ihm offenbar Kräfte, die im Licht des westlichen Rationalismus Zweifel hervorrufen. Er ahnt die Flutkatastrophe vorher; er spürt sie unmittelbar, als sie schließlich die Küsten verwüstet, und er verbindet sich mit Gott und Natur in Gebet und Meditation. Und dennoch steht er mit solchen Ahnungen nicht allein. Selbst wir Westler kennen intuitive Eingebungen: Eine Deutsche berichtet mir auf Sri Lanka, sie habe sich – ganz gegen ihre Gewohnheit – an dem Morgen des Tsunami im Meer nicht wohl gefühlt und deswegen auf ihr übliches Schnorcheln verzichtet. Die Folge: Sie konnte sich gerade noch rechtzeitig vor den hereinbrechenden Fluten retten. Eine andere Frau erlebte den Sonnenuntergang am vorangehenden Tag als äußerst bedrohlich, schob es jedoch auf den Todestag ihrer Mutter. Am Morgen des Tsunami fiel ihr – unmittelbar vor den hereinbrechenden Wassermassen – das ungewöhnliche Verhalten der Krebse am Strand auf. Inzwischen fragt man sich, ob Tiere den Tsunami nicht früher gespürt haben als wir Menschen und eine sri-lankische Zeitung schreibt, man dürfe die Warnungen von intuitiven Menschen nicht einfach missachten.

Ursachen jenseits rationaler Erklärungen?

> »Es mag schmerzlich sein und ohnmächtig machen, doch es ist notwendig, den Menschen die Nachricht zu bringen, dass das, was die Natur in ihrem Zorn getan hat, auf lange Sicht sehr gut sein kann für die Verbesserung unseres Landes, seiner Menschen und der Gesellschaft. Eine der Haupteinschränkungen unserer Gesellschaft in den letzten fünf Jahrzehnten und mehr ist die Korruption – sowohl politisch als auch sozial.«[90]

Wenn Experten heute über die Ursachen eines Tsunami, Erdbebens oder Hurrikans reden, nutzen sie ein wissenschaftliches Vokabular und beschäftigen sich mit geologischen und hydrologischen Erklärungen. Doch die Menschen ahnen, dass dies nicht die ganze Wahrheit ist und dass selbst die besten Frühwarnsysteme möglicherweise nicht helfen können, um Ähnliches in Zukunft zu vermeiden. Spricht man auf Sri Lanka mit Einheimischen oder Touristen und liest aufmerksam die Zeitungen, so werden ganz andere Stimmen laut. Sie werden von der Überzeugung getragen, dass die Naturkatastrophe etwas mit der Art unseres Umgangs mit uns selbst und der Natur zu tun hat. Und es gibt offenbar ein unterschwelliges Wissen davon, dass dies nicht das letzte Ereignis dieser Art sein könnte.

Doch die Normalität ist eine andere: Wir modernen Menschen haben den Kontakt zur äußeren und zur inneren Natur verloren. Wir nutzen, benutzen, ja, vernutzen die Natur, die uns alle nährt. Wir missachten unsere innere Natur, indem wir uns unserer Spiritualität entfremden und die Erde, die Pflanzen und die Tiere auf entseelte Materie reduzieren, die Profit hervorbringt. Aus einer Haltung der Furcht und der Gier heraus entfremden wir uns kollektiv immer mehr gegenüber unseren Mitmenschen. Die Art unseres Umgangs mit der Natur erweist sich insofern nur als der Spiegel unseres Umgangs mit uns selbst und mit unseren Mitmenschen.

Diese Haltung, die vom Westen her ihren Ausgang nahm, folgt einem rational ausgerichteten Wissenschaftsverständnis, das nur das für wahr hält, was sich in der Materie nachweisen lässt. Die kulturellen Traditionen des Ostens haben dagegen das Wissen bewahrt, dass alle Materie geistig bestimmt wird. Denkend erschaffen wir uns unsere Realitäten. Biblisch gesprochen: »Am Anfang war das Wort.« Auch das, was Menschen erschaffen, entsteht zuerst auf der geistigen Ebene. Äußere Wirklichkeiten erweisen sich als Spiegel der inneren Wirklichkeiten. Gilt das auch für das Zusammenwirken von Mensch und Natur? Sind die Naturkatastrophen, die Ökologen seit Jahrzehnten vorhersagen, eine Antwort darauf, wie wir Menschen geistig mit der Natur umgegangen sind?

Derzeit dominieren rationale Erklärungsmodelle, die dem westlichen Wissenschaftsverständnis Genüge tun. Doch dabei entgeht es uns offenbar immer mehr, in welchem Ausmaß wir unsere Wirklichkeit geistig gestalten. So entfremden wir uns immer mehr unserem tiefen inneren Wissen um die Zusammenhänge des Lebens. Dies gilt nicht mehr nur für die Menschen im Westen, sondern zunehmend auch für die Funktionseliten in Asien. Die verdrängte und verleugnete Wahrheit, dass der Kosmos mehr ist als tote Materie, bricht dann unvermittelt herein – ökologisch oder sozial. Ökologisch in Form von Klimaveränderungen, Vulkanausbrüchen, Flutkatastrophen, Überschwemmungen, Versteppungen, Heuschreckenplagen, Rinderseuche, SARS oder Vogelgrippe und gesellschaftlich durch Epidemien wie Aids, Bürgerkriege, Flüchtlingswellen und Terrorismus.

Wenn wir nicht zur Kenntnis nehmen wollen, dass alles mit allem zusammenhängt und dass wir die Wirklichkeit geistig mitgestalten (was die moderne Physik längst weiß), dann bricht diese Wirklichkeit unvermittelt in unser Erleben ein. Die verdrängte und verleugnete Wahrheit zeigt sich und fordert zur Umkehr auf. Der 11. September 2001 war ein solches drastisches Zeichen. Und dennoch hat er nicht zu einer Umkehr geführt. Ganz im Gegenteil: Der Status quo wird mit

Milliardensummen und Waffengewalt aufrechterhalten. Offenbar sind wir kollektiv und individuell – noch – nicht fähig, die Warnungen ernst zu nehmen und unser Verhalten zu verändern.

Der Tsunami vom Dezember 2004 blieb nicht die einzige Naturkatastrophe der letzten Zeit. Ihr folgten in 2005 verheerende Hurrikans wie Katrina, der ganz New Orleans überflutete, und Wilma oder ein Erdbeben in Kaschmir, das Zehntausende von Menschen unter sich begrub und Hunderttausende in unerreichbaren Bergregionen obdachlos machte und sie der Kälte und dem Tod durch Erfrieren aussetzte. Die großen Erschütterungen, die derartige Naturkatastrophen auslösen, können eine wichtige Chance zur grundlegenden Wende sein. Die weltweite Betroffenheit, die vor allem der Tsunami ausgelöst hat, mag sich nur als ein Strohfeuer erweisen. Doch sie birgt die Möglichkeit zu lernen.

Dies bestätigt sich erneut in Indien, wohin mich die nächste Etappe meiner Reise führt. Ich bin nun im Ashram von Puttaparthi, d.h. einem Kloster, angekommen, wohin ich mich jedes Jahr zurückziehe, um zu meditieren und zu schreiben. Der Tag meiner Ankunft ist Sangranti, die Sommersonnenwende, ein Tag, an dem sich in den hiesigen Breitengraden der Lauf der Sonne verändert und die Nächte länger werden. Zugleich ist es das Erntedankfest und einer der höchsten Feiertage im Lande. Sathya Sai Baba, der diesem Ashram vorsteht, benutzt den Tag, um eine Rede zu halten. Nachdem er betont, das Ziel des Menschen sei Glück und Seligkeit, kommt er auf den Tsunami zu sprechen. Und hier höre ich die Botschaft erneut: Der Tsunami sei die Folge unseres Tun. Er habe in der Vergangenheit immer wieder gewarnt; der Mensch müsse unausweichlich die Folgen seines Tun erfahren. Doch letztlich seien die Schwierigkeiten, die nun vor uns stünden, gut für jeden Einzelnen und für das Ganze.

Lernen wir nur durch schmerzliche Erfahrungen? Fast sieht es so aus. Der Tsunami von 2004 ist nicht die erste und nicht die letzte Erfahrung, die uns auffordert, Frieden mit unserer inneren und äußeren Natur zu schließen. Doch er ist ein besonders drastisches Beispiel. Wenn es stimmt, dass die Natur mit uns kommuniziert und wir mit ihr, dann brauchen wir offenbar deutliche Signale. Sie fordern uns auf, natürliche Gesetze zu beachten und zu achten. Es gilt, die Natur in ihrem schöpferischen Tun wertzuschätzen und mit ihr zu kooperieren statt sie zu zerstören, ihre Hilfe anzunehmen statt uns zu ihren Beherrschern und Ausbeutern zu erheben. Das sind nur einige ihrer Lehren. Naturkatastrophen helfen uns, unser menschenzentriertes Bewusstsein zu erweitern. Doch es ist an uns, die Botschaft der Natur zu hören, sie zu empfinden und sie tief innerlich zu verstehen. Wir werden dann frei, um von Unterdrückung und Ausbeutung zu einer Haltung der Wertschätzung und der Achtsamkeit gegenüber der natürlichen Mitwelt zu gelangen – in Gedanke, Wort und Tat.

Konsequenzen am Beispiel von Sri Lanka?

Sri Lanka hat kulturelle, spirituelle und landschaftliche Schätze, die ihresgleichen suchen.[91] Es verfügt mit dem Ayurveda über ein Jahrtausende altes Wissen, das dem Menschen hilft, das innere Gleichgewicht zu finden und ganzheitlich – an Körper, Seele und Geist – zu gesunden. Meine Tour ins Landesinnere brachte mich nicht nur in Kontakt mit diesen Schätzen, sondern auch damit, in welche

Krise das Land durch die Naturkatastrophe gestürzt worden war. Der Tsunami hatte unmittelbare und mittelbare Folgen. Vor allem der Rückgang des Tourismus mitten in der Hochsaison schmerzte. Wo sich sonst die Menschen drängten, herrschte nun gähnende Leere. Die Souvenirläden hatten ihre Regale leer geräumt, weil niemand kam. Die Tänzer tanzten vor leeren Reihen, während sonst der Saal brechend voll war. Die Hotels hielten ihr gepflegtes Ambiente bereit für »nobody«, und Angst ging um, dass Entlassungen unausweichlich seien. Niemand wusste, wie es weitergehen würde. Würden die Touristen zurückkehren? Würden sie es wagen, sich wieder am Strand aufzuhalten? Würde Normalität wieder einkehren?

Ein Jahr nach der Naturkatastrophe hat sich auf Sri Lanka wieder ein Stück Normalität hergestellt. Die meisten betreiben wieder »business as usual«, machen also weiter wie bisher. Diese Linie wird nicht von allen geteilt. Manch einer hat andere Vorstellungen, so auch mein ayurvedischer Arzt.

Wer wie er Umkehr statt Reparatur sucht, will den bisherigen Weg ungebremster westlicher Modernisierung überdenken, die eigenen spirituellen und kulturellen Traditionen wiederbeleben und eine Modernisierung betreiben, die auf enge und nachhaltige Zusammenarbeit mit der Natur setzt. Dies könnte heißen, den Tourismus stärker auf die natürlichen, kulturellen und spirituellen Schätze des Landes im Landesinneren auszurichten. Die großen alten Königreiche der Insel hatten ihre Zentren sämtlich im vegetationsreichen und durch seine Schönheit und Fruchtbarkeit beeindruckenden Inneren des Landes. Es könnte sein, dass die Vorfahren der modernen Sri-Lanker genauer um die Unsicherheit der Küstenregionen wussten und daher das Landesinnere vorzogen.

Auch für das Ayurveda könnte eine Umorientierung anstehen. Das Ayurveda, die Wissenschaft vom langen und gesunden Leben, war in erster Linie eine geistige Disziplin. Sie lehrte die Einheit von Gott-Mensch-Natur. Das heutige Ayurveda hat sich von diesem Ursprung weit entfernt. Es ist touristisch, nicht spirituell. Es unterstützt vor allem Wellness, weniger eine Schulung des Geistes und das Wissen um die Einheit des Lebens. Wenn es gelingt, das Ayurveda neu an diesen spirituellen Traditionen des Landes auszurichten, dann kann Sri Lanka einen wesentlichen Beitrag zu einer spirituell motivierten Medizin leisten – nicht nur dort, sondern weltweit.

Regen für Puttaparthi (Indien)

> Liebe ist die Kraft, aufgrund derer die Erde sich um sich selber dreht.
> Liebe ist die Kraft, die die Sterne stetig am Himmel hält, ohne dass sie herunterfallen.
> Die Kraft der Liebe ist die Ursache dafür, dass alles in vollkommener Harmonie und Synthese existiert.
>
> *Sathya Sai Baba*[92]

Wir gehen durch den Ashram von Puttaparthi. Ich hatte Sri Lanka verlassen und Jayanath Abeywickrama, mein ayurvedischer Arzt aus Sri Lanka, war meiner Einladung nach Indien gefolgt. Er wollte Sai Baba kennen lernen. Und er wollte mit mir überlegen, ob wir gemeinsam etwas für Sri

Lanka tun können. Ich trug ihm meine Bitte vor, zu lernen, wie der Mensch mit der Natur kommunizieren kann.

Unser Weg führt in die hintersten Winkel des Ashrams. Hier ist die ordnende Hand der Gärtner noch nicht zu spüren. Die Natur zeigt sich in ihrer Kargheit und Trockenheit. Seit drei Jahren ist Puttaparthi von einer schlimmen Trockenheit bedroht. Nun hat es seit drei Monaten keinen Tropfen mehr geregnet. Die Monsunzeit ist – wir haben Ende Januar 2005 – noch in weiter Ferne. Die Bäume rollen ihre Blätter ein. Die Lungen sind voller Staub. Alles leidet unter der viel zu frühen Hitze, die in den kommenden Monaten noch ansteigen wird. Überall zeigt sich dasselbe Bild: Die Seen, die als große Wassertanks für die Bewässerung dienen, sind leer. Der Chitravati-Fluss ist ausgetrocknet. In meinem Apartmentgebäude müssen jede Woche viele Hundert Rupees investiert werden, um Wasser von einem Tankwagen anliefern zu lassen. Der Hausbrunnen ist ausgetrocknet, und selbst tiefe Bohrungen mit großen Maschinen stoßen nicht mehr auf Grundwasser.

Wir sprechen über die Frage, ob hier Versuche unternommen worden seien, Regen von den himmlischen Kräften zu erbitten. Ich erzähle ihm, meines Wissens sei in der Vergangenheit bereits einmal eine große Puja gemacht worden, um Regen zu erflehen. In der Tat hatte es dann in der Folgezeit einzelne Regengüsse gegeben. Sie reichten bei weitem nicht für den Wasserbedarf aus, doch die Natur hatte offenbar reagiert. Gott kann alles tun, um den Menschen zu helfen, doch er braucht es, dass die Menschen um seine göttliche Hilfe bitten, höre ich mich sagen. Ob wir nicht auch etwas tun könnten, frage ich meinen Begleiter. Statt darauf näher einzugehen, erzählt er mir die Geschichte, wie Gott ihn als Instrument benutzte, um auf Sri Lanka in einer Dürreregion den Menschen und Pflanzen mit Mantren und Gebeten Regen zu bringen. Ich fühle mich an die alten Geschichten der Regenmacher erinnert und bitte innerlich, dass auch Puttaparthi dieser Segen zuteil werde. Es ist ein Gebet, das mich nun seit gut zwei Jahren immer wieder bewegt.

Im Menschen begegnen wir dem ganzen Universum

Am nächsten Morgen treffen wir uns auf dem Dach des Apartmentgebäudes, in dem ich wohne. Er wolle mit mir meditieren. Ich kannte diese Meditationen schon. Mit einer sanften Stimme rezitiert er Mantren, die rund 4000 Jahre alt sind und auf die Veden zurückgehen. Doch er hat sich dieses Mal etwas Besonderes vorgenommen. Diese Meditation soll für mich zugleich eine Belehrung werden über die Gesetze der Natur. So unterbricht er die Rezitation der Mantren immer wieder, indem er mir zeigt, wie die aufgehende Sonne, die Erde und der Wind in einen Dialog eintreten. Er macht mich darauf aufmerksam, wie mit dem Aufgehen der Sonne die Wolken versuchen, die Sonne zu verdunkeln. Wind komme auf, wenn die Sonne ihre Energie auf die Erde schicke; das Schauspiel der Natur hilft mir, seine Worte nachzuvollziehen.

Es sei wie mit dem menschlichen Geist – so seine Ausführungen: Wenn die Sonne des Bewusstseins aufgehe, dann versuche die Unwissenheit, dies zu verhindern. In dieser Phase komme es auf Ausdauer und Ausrichtung an, um intensiv darauf hinzuwirken, dass die Sonne (das Bewusstsein) sich nicht verdunkele. Nach solchen kurzen Unterbrechungen und Erläuterungen fährt er mit seinem sanften Singen der Mantren fort und vollführt Bewegungen mit seinen Armen, so als schöbe er die Wolken zur Seite. Offenbar ist er selbst in einen tiefen Dialog mit Kräften eingetreten, die sich meiner Wahrnehmung entziehen.

Das melodische Auf und Ab der mit leiser Stimme gesungenen Mantren führt mich in eine Halbtrance. Ich sitze mit geschlossenen Augen. Doch ich werde unterbrochen. Eine Geste bedeutet mir, dass ich das Schauspiel der Natur weiter verfolgen solle. Die Sonne lugt »wie ein Auge«, so seine Worte, hinter den Wolken hervor. Dann verschwindet sie wieder. Es gehe darum, sie aus dem Wolkenmeer zu befreien. Die Wolken dürften kommen, wenn die Sonne untergehe, nicht wenn sie aufgehe.

Seine Gesänge setzen sich fort. Von den Lauten her weiß ich, dass es vor allem Mantren sind, die eine Verehrung der Sonnenkraft ausdrücken. Nur so viel verstehe ich, mehr nicht. Doch ich versuche, mich in seine Haltung der Ehrfurcht und des Gebets einzuschwingen. Inzwischen ist die Sonne bereits deutlich höher am Himmel aufgestiegen. Rund zwei Stunden mögen es sein, dass wir nun auf dem Dach sitzen und meditieren. Und in der Tat: Die Wolken haben sich verzogen. So soll es sein und so wird es für heute bleiben, bedeutet er zum Abschluss. Die Wolken würden nicht mehr wiederkommen. Ich solle dieses Schauspiel in meiner Erinnerung behalten und mich immer wieder daran erinnern. Es sei auch ein Symbol für den menschlichen Geist, der sich von den Wolken der Unwissenheit zu befreien suche. Der Mensch trage das ganze Universum in sich, und die Gesetze des Universums spiegelten sich im Menschen wider. Und, so schließt er, diese Meditation solle auch etwas für die Probleme von Puttaparthi getan haben.

Die Natur antwortet

Am Nachmittag setzt er seine Belehrung fort, nimmt mein Notizbuch und zeichnet die Stufen der Mantren auf. Damit ich auch wirklich nicht vergesse, dass es hier um Wertschätzung, Respekt und Ehrfurcht im Dialog mit der Natur geht, fügt er die Bedeutung der Gebete in Worten hinzu:

1. Die Sonne geht auf.
2. Sie ist ein gutes Auge, das auch auf uns schaut.
3. Sie ist die einzige Königin für uns alle.
4. Sie scheint mit goldenen Strahlen.
5. Ihretwegen erblüht auch unsere Mutter Erde mit goldener, fröhlicher Ausstrahlung.
6. Ich verehre die Sonne mit meinem ganzen Respekt und meiner Dankbarkeit.
7. Sie schützt mich.
8. Ich erweise meinen tiefen Respekt allen Weisen, die je auf der Erde gelebt haben.
9. Ich wünsche mir Schutz von dem Licht ihrer Weisheit.

Kurze Zeit später fährt er zurück nach Sri Lanka. Zwei Tage später, am 31. Januar 2005, werde ich morgens gegen vier Uhr wach. Ich traue meinen Ohren nicht. Täusche ich mich oder ist es wahr? Sind es wirklich Regentropfen, die ich höre? Sofort gehe ich auf meine Terrasse und kann es kaum glauben. Ein sanfter Regen hat eingesetzt; wie eine liebkosende Hand streicht er über die ausgetrocknete Erde und ihre Pflanzen. Zuerst noch zart, gewinnt der Regen allmählich an Kraft. Er kommt in beträchtlicher Fülle, doch ohne die zerstörerische Form anzunehmen, die den Boden aufreißt und fort-

schwemmt und alles in Mitleidenschaft zieht. Tränen strömen mir über das Gesicht. Ich weiß nicht, ob ich vor Glück jubeln oder vor Schmerz weinen soll.

Als es um sieben Uhr hell wird, bahne ich mir den Weg durch Pfützen und kleine Wasserseen auf den Wegen. So viel Regen hat es gegeben! Die unerträgliche Hitze ist gebrochen. Die Blätter funkeln, als seien sie geputzt worden. Die vorher noch staubtrockene, heiße Luft riecht erdig feucht. Später am Tag vertreibt die Sonne die grauen Wolken. Doch abends kehren sie wieder und mit ihnen auch der Regen. Die Wolken geben ihren Schatz frei, die Erde lebt auf und am nächsten Morgen geben die Vögel aus vollen Kehlen ihrer Freude Ausdruck; ihr Geschrei und ihr Gesang, der die Luft von Puttaparthi sonst mit Brausen erfüllt, war während der Trockenheit verstummt. Wie lange sich nun der Regen fortsetzen würde, ahne ich nicht, doch ich habe die tiefe Gewissheit, dass die göttlichen Kräfte uns zeigen wollten, dass sie mit den Menschen zusammenarbeiten wollen und können, so wir uns ihnen ehrfürchtig gegenüber öffnen.

Kommunikation mit den Naturgöttern

Der Beginn des Regens liegt noch keine 48 Stunden zurück. Noch wage ich es nicht, anderen zu berichten, was ich erlebt habe. Nur niedergeschrieben habe ich es. Doch meine Freundin Ranga findet mein Vertrauen. Sie ist Künstlerin und steht unmittelbar vor dem Abflug nach Rom, wo Anfang Februar 2005 auf einem Internationalen Kongress mit 8000 Ärzten ihre »Meisterwerke« ausgestellt werden. Ranga ist Malerin und hat bis 1997 in Deutschland unter ihrem Namen Renate Kirchheim gearbeitet. Ihr künstlerisches Schaffen fand 1997 einen unvermittelten Abschluss und Höhepunkt, als sie innerhalb von drei Monaten 27 großformatige Ölbilder auf Leinwände von zwei auf zwei Metern malte. Sie entstanden, wie sie sagt, ohne ihr »Tun«. Sie wurden ihr in einer Haltung der Meditation und Hingabe geschenkt und künden davon durch ihre Namen: »Die Schöpfungssymphonie«, »Die Freude Gottes«, »Die Liebe Gottes«, »Der Duft Gottes«, »Der Geist Gottes« ... Nie zuvor sind sie gezeigt worden.

Seit jenem Zeitraum lebt sie ununterbrochen in Puttaparthi. Sie ist eine Gottsucherin, die Gott vor allem in der Natur findet. Mit ihrem kleinen Mofa macht sie sich fast täglich auf: hinaus in die Berge, zu den Wassertanks, zu den kleinen, versteckten heiligen Plätzen, die die Bauern der Umgebung geschaffen haben. Dort vollzieht sie ihre Andacht, eine Puja, um die Naturgötter zu ehren und zu heiligen und mit ihnen in einen Dialog zu treten. Bei Ranga bin ich zuversichtlich, dass sie meine Erfahrung nicht einfach in Bausch und Bogen ablehnen wird. So gebe ich ihr den Text zu lesen.

»Das ist mir hier auch einmal passiert«, hebt sie an zu erzählen. »Es war solch eine schreckliche Trockenheit wie jetzt auch. Ich war verzweifelt. Die Natur litt und dürstete. Und mein Herz war voller Trauer und Mitgefühl. Damals fragte ich meine Freundin Gertraude, ob wir nicht den Regengott Varuna um Hilfe bitten könnten. Gertraude hat ein geöffnetes drittes Auge, so kann sie Wesenheiten auf der feinstofflichen Ebene sehen, die ich nicht sehe. Und ich kann mit ihnen sprechen, was sie nicht kann. Wir haben uns dann abends zusammengesetzt und ich habe Gertraude gebeten, sie möge den Regengott Varuna einladen, sich zu zeigen. Das tat er dann auch. Er nahm für sie die Form einer großen Gestalt an mit einem dicken Bauch, der aussah wie ein Wassersack. Ich habe ihn dann gefragt, warum er nicht mit der Mutter Erde zusammenarbeitet und es regnen lässt. Seine Antwort war, dass das nicht ohne Weiteres gehe. Damit es regne, müssten verschiedene Dinge zusammenkommen.

Wir haben ihn dennoch inständig gebeten, er möge den Pflanzen und Tieren Wasser geben. Dann verschwand er. Noch in derselben Nacht, am frühen Morgen, wachte ich von Regentropfen auf. Es war ein unbeschreibliches Gefühl – heilig und erhaben, glückselig und fassungslos zugleich. Ja, ich habe das auch erlebt. Ich kann deine Erfahrung gut nachvollziehen. Und man kann das nicht einfach machen in dem Glauben: ›Nun lass uns mal Regen herbeizaubern.‹ Es braucht ein reines Herz und tiefe Liebe, wenn wir die Natur bitten, mit uns zu kooperieren. Es gibt viele Geschichten von gescheiterten Versuchen nach dem Motto: Schick uns Regen, aber bitte nicht heute, sondern erst morgen, wenn die Hochzeitsfeierlichkeiten vorüber sind. So geht es eben nicht.«

Die Natur – ein geistig schöpferisches Universum?

> Gott schläft im Stein,
> atmet in der Pflanze,
> träumt im Tier,
> und erwacht im Menschen.
>
> *Indianisches Sprichwort*

Was ich hier hörte, lässt mich noch mehr aufhorchen. Ist die ganze Natur beseelt und wir modernen Menschen haben einfach verlernt, mit ihr zu kommunizieren? Es gab Zeiten, in denen Menschen ganz selbstverständlich davon ausgingen, dass die Natur von Wesenheiten gepflegt wird, die für ihre verschiedensten Elemente zuständig sind: die Nymphen für das Wasser, die Gnome für die Erde, die Sybillen für die Luft, die Devas für die Pflanzen,[93] und dass diese Elementarwesen in Stufen und Hierarchien geordnet sind, deren höchste Bewusstseinsformen von den Menschen als Götter verehrt werden.

Der Rationalismus des Westens hat mit solchen »Vorurteilen« gründlich aufgeräumt. Doch könnte es sein, dass wir uns geirrt haben? Könnte es sein, dass die Natur unseren Augen nur ihre materielle Seite zeigt, die geistige Ebene jedoch für die Augen verborgen ist?[94] Könnte es sein, dass es mit dem Körper der Natur ganz ähnlich ist wie mit dem menschlichen Körper? Unseren Augen zeigt sich nur der materielle Körper des Menschen, nicht jedoch sein geistiger Körper,[95] und dennoch sind wir mehr als nur materielle Existenz. Wir sind geistige Wesen! Warum sollte es bei der Natur anders sein, wenn doch die Welt und der ganze Kosmos nach den gleichen Prinzipien aufgebaut sind?

Der moderne Mensch ist in der Nachfolge von Descartes stolz auf seine geistige Existenz. In seiner Formel »Cogito, ergo sum« – »Ich denke, also bin ich« meint er, sich von seiner Naturhaftigkeit gelöst zu haben. Dass dies ein Irrtum ist, wird bereits deutlich mit Blick auf die enge Abhängigkeit des Menschen von der Natur: Der Mensch lebt von der Natur, er ist in der Natur, und er ist Natur. Doch der zweite Irrtum scheint die Vorstellung zu sein, dass die natürliche Mitwelt ohne Bewusstsein sei, dass also nur der Mensch ein geistiges Wesen sei. Könnte es nicht vielmehr so sein, dass sich nur die Höhe und die Art des Bewusstseins voneinander unterscheiden? Könnte es sein, dass alle Materie geistig belebt und Bewusstsein ist?

Die Anthroposophen gehen bis heute davon aus, dass die Natur beseelt ist und von geistigen Wesenheiten gehegt und gepflegt wird.[96] Sie sind damit nicht allein: Im kargen nördlichen Schottland ist in der zweiten Hälfte des 20. Jahrhunderts das Unmögliche gelungen: Auf unwirtlichem Grund einen Garten Eden zu schaffen. Die Grundlage dieses Prozesses war eine intensive Kommunikation mit den Naturgeistern.[97] Das Beispiel ging rund um die Welt und zieht seit Jahrzehnten Tausende von Menschen an, die einen anderen Umgang mit sich und der Natur lernen wollen. Viele alte Naturvölker sind Träger desselben Wissens. Das gilt auch für alte Kulturen wie Indien, Sri Lanka, Mexiko. Ein moderner Ayurvedaarzt wie Dr. Jayanath Abeywickrama aus Sri Lanka beruft sich auf uraltes Wissen und macht eine Sonnenmeditation, um Regen zu erbitten. Doch dabei bezieht er sich offenbar nicht einfach auf Materie in Form eines Feuerballs. Vielmehr kommuniziert er mit einer Wesenheit, die für alles Leben auf der Erde unverzichtbar ist und der er dafür Ehre und Wertschätzung entgegenbringt.

Wenn all dies stimmt, hat es weit reichende Folgen: Dann müssen wir uns heute, inmitten von ökologischen Katastrophen aller Art, mit dem alten Wissen neu verbinden, dass die Natur beseelt ist. Dies heißt, dass sie eine schöpferische Eigenaktivität entfaltet, dass sie Subjekt und nicht nur Objekt ist. Mit den geistigen Wesenheiten der Natur zu kommunizieren, verlangt daher als Erstes, ihre Existenz anzuerkennen. Auf dieser Basis können Achtsamkeit und Respekt ihnen gegenüber erwachsen – Hinhören, Offenheit zu lernen sowie die Bereitschaft zur Kooperation.

Das aber sind genau dieselben Eigenschaften und Haltungen, die wir auch in einer wertschätzenden Kommunikation mit uns selbst und mit anderen zu lernen haben. Unsere natürliche Mitwelt wartet darauf, dass wir in einen wertschätzenden Dialog mit ihr eintreten. Sie tut dies ebenso, wie unsere Seele darauf wartet, dass wir uns ihr zuwenden und ihr achtsam zuhören, und so wie unsere Mitmenschen darauf warten, dass wir sie sehen, wahrnehmen, anerkennen und sie wertschätzen.

In den Veden, der philosophia perennis des indischen Kulturraums, heißt es, dass das ganze Universum Ausdruck des EINEN, des höchsten Bewusstseins ist. Brahman, das Schöpfungsprinzip, hat als Atman Form angenommen. Atman, das höchste Bewusstsein, durchdringt damit die gesamte Materie, den Menschen ebenso wie die Tiere und Pflanzen oder die Mineralien. Dieses höchste Bewusstsein ist das Unvergängliche, die Materie hingegen ist das Vergängliche. Nur das Unvergängliche ist wahr. Das Vergängliche, die Welt der Form, ist Maya oder Illusion. In diesem uralten heiligen Wissen, welches den Rishis geoffenbart wurde, bestätigt es sich: Im Universum gibt es nichts ohne Bewusstsein – und mag der Funke des Bewusstseins auch noch so klein sein.

»Gott schläft im Stein, atmet in der Pflanze, träumt im Tier und erwacht im Menschen« – diese indianische Weisheit enthält offenbar eine Botschaft an uns: Gott, das höchste Bewusstsein, ist in der ganzen Schöpfung gegenwärtig. Alles trägt diesen Funken des höchsten Bewusstseins in sich. Zum Bewusstsein als Mensch zu erwachen, bedeutet dann, dies anzuerkennen, statt es dem Rest der Schöpfung abzusprechen.

Landschaft heilen

Das Projekt »Spirituelle Orte im Ruhrgebiet«

Das zweite Beispiel führt uns an meinen Wohnort Essen. Das Projekt »Spirituelle Orte im Ruhrgebiet« hat soeben seine erste große Auftaktveranstaltung hinter sich: eine Zukunftskonferenz im März 2003 mit geladenen Gästen in der Alten Synagoge von Essen. Mehr als zwei Tage lang haben sich dort mit Unterstützung der verschiedensten Institutionen Menschen aus unterschiedlichen Bereichen zusammengefunden, um über die Vergangenheit, Gegenwart und Zukunft der spirituellen Orte in meiner Region zu reden.[98]

Mit der Initiierung dieses Vorhabens verfolge ich zwei Anliegen: Zum einen treibt mich die Idee um, an einem interessanten Beispiel die neuen Kommunikationsverfahren einer dialogischen, lösungsorientierten Kommunikation zu erproben; zum anderen möchte ich meiner Region einen zusätzlichen Entwicklungsimpuls verschaffen. Mir war bewusst geworden, dass das Ruhrgebiet nicht nur eine industriekulturelle Vergangenheit besitzt, sondern auch eine intensive Blüte im Mittelalter erlebt hat. Essen selbst liegt am Kreuzungspunkt zweier alter Pilgerwege, die nach Santiago di Compostella in Spanien führten. Es besitzt mit der Münsterkirche in der Innenstadt und der Abtei im südlichen Stadtteil Werden bedeutende sakrale Bauten, die jedoch im Bewusstsein der Öffentlichkeit eine bislang untergeordnete Rolle spielen. Diese Orte der Spiritualität in meiner und in anderen Städten der Region wiederzuentdecken und für die Entwicklung von Stadt und Region nutzbar zu machen, war mein Wunsch.

Im Vorfeld der Konferenz hatte eine Vorbereitungsgruppe sehr intensiv daran gearbeitet, wer denn an der Konferenz teilnehmen solle. Da ich wusste, dass alte Sakralbauten oft an Kraftorten der Natur gebaut wurden, hatte ich auch Marko Pogacnik angesprochen. Dieser slowenische Künstler und Geomant hatte in Schlosspark und Schloss Türnich bei Köln spektakuläre Heilungserfolge erzielt. Der dortige alte Park und das Gebäude waren durch den Abbau der Braunkohle und die damit verbundene Absenkung des Grundwasserspiegels von einer allmählichen Zerstörung bedroht. In einem zweijährigen Prozess hatte er ein Verfahren entwickelt, mit dem sich der Park wieder so erholen konnte, dass er inzwischen als ein besonderes Biotop ausgezeichnet wurde.[99] Von Pogacnik wollte ich nun wissen, ob die Essener Sakralbauten an besonderen Kraftorten stehen. Meine Einladung nahm er an, doch in modifizierter Form: Er schlug vor, eine Woche nach Essen zu kommen, die Stadtlandschaft zu untersuchen, zwei Vorträge über die Ergebnisse seiner Forschungen zu halten und ein Erdheilungsseminar für Interessierte durchzuführen. Ich sagte zu, nicht genau wissend, worauf ich mich einlassen würde, da ich weder etwas von seiner Methode verstand noch davon, was er denn vorhatte. Einzig die Erfahrungen in Schloss und Park Türnich hatten mich wach werden lassen. Den Besitzer, Godehard Graf von und zu Hoensbroech, kannte ich von früher, und das entsprechende Buch über die Arbeit von Pogacnik in Türnich hatte ich gelesen.[100]

Lithopunktur: eine Akupunktur der Erde

Marko Pogacnik kam, und ich begleitete ihn eine Woche lang bei seinen Untersuchungen. Für mich war es ein Ausflug in eine mir weitgehend unbekannte Welt. Doch ich hatte eine Brücke, um zu ahnen, womit er beschäftigt war. Aufgrund meiner Gesichtslähmung hatte ich alle Arten von alternativen Heilmethoden ausprobiert, mit mehr oder weniger Erfolg. Eine der Methoden, die mich überzeugen konnte, war die Akupunktur, jene chinesische Heilmethode, die inzwischen Anerkennung bis hinein in die Schulmedizin errungen hat. Nach der Vorstellung der chinesischen (und auch der ayurvedischen) Medizin ist der Körper von Energiebahnen durchzogen, den so genannten Meridianen. Diese haben für das Funktionieren des Körpers eine zentrale Bedeutung. Krankheiten oder seelisch-geistige Probleme führen zu Blockierungen des Energieflusses. Um die Blockierungen aufzulösen, benutzen Akupunkteure Nadeln, mit denen sie an bestimmten Punkten des Körpers Impulse setzen, so dass die Energie wieder fließen kann. Viele Male hatte ich mich selbst von der Wirksamkeit dieser Methode überzeugen können.

Nun lernte ich, dass nicht nur ich als Mensch einen Körper mit Energiebahnen habe, sondern dass dasselbe auch für die Erde gilt. Was bei uns Meridiane heißt, heißt dort Leylines – Kraftlinien, die den Energiefluss auf dem Körper der Erde regulieren. Pogacnik erklärt: »Um die Wirkung der Lithopunktur verstehen zu können, muss man wissen, dass die Landschaft nicht nur ein stofflicher Organismus ist, sondern auch eine feinstoffliche Dimension aufweist. Diese subtile Dimension ist aus Kraftfeldern zusammengesetzt, aus Kraftzentren und Kraftbahnen. Ich nenne sie ›vital-energetische‹ Dimension oder ›Ebene der Lebenskraft‹. Sie repräsentiert die Kräfte des Lebens, die sich, aus der Erde quellend, über die ganze Erde ergießen und alle Lebewesen – den Menschen eingeschlossen – mit der Qualität ›Leben‹ beschenken.«[101]

Die Methode, die Pogacnik in Türnich entwickelt hatte, wandte das Prinzip der Akupunktur auf den Körper der Erde an. Er entwickelte ein Konzept von Steinsetzungen. Die Steine geben der Erde an zentralen Punkten einen Impuls, um eine Blockade des Energieflusses aufzuheben. So fremd für mich diese Information auch klingen mochte, so wenig sie auch unserem herkömmlichen Verständnis von der Erde als einer toten Materie entspricht, die Erfolge, die er damit erzielt hatte, überzeugten mich. So gab ich ihm »Kredit«. Ich ließ mich auf seine Untersuchungen ein und beschäftigte mich näher mit dem geomantischen Wissen. Die Geomantie beschreibt Pogacnik als einen »ganzheitlichen Zugang zu den feinstofflichen, das heißt unsichtbaren Dimensionen der Erde, der Natur und der Landschaft, die an der Schwelle zur Neuzeit fast vollkommen aus dem Bewusstsein der europäischen Kultur verschwunden« sind.[102] Ich lernte, dass die Welt fraktal aufgebaut ist, dass sich also in jeder kleinen Zelle die Struktur des übergeordneten Ganzen wiederholt. So hat nicht nur die Erde als Ganzes, sondern auch jeder Kontinent, jede Landschaft, jede Stadt, jedes Haus und jedes Zimmer einen Herzpunkt, einen vitalenergetischen Punkt, einen Punkt der Einatmung und der Ausatmung usw. Wie im menschlichen Körper auch, ist es daher von entscheidender Bedeutung, dass die Energie zwischen diesen Punkten frei fließen kann.

Solches Wissen um die besonderen Qualitäten von Landschaften hat, wie ich nun lernte, vielfältige Anwendungen gefunden. Bei der frühen Suche nach Kohlevorkommen griff man gezielt auf geomantisches Wissen zurück und ermittelte die Vorkommen mit Hilfe von Rutengängern, die die feinstoffliche Ebene wahrnehmen können. Auch bei der Wahl von Orten für die Sakralbauten des Mittelalters griff man auf entsprechendes Wissen zurück. Sie wurden oft an besonderen Kraftorten gebaut, d.h. Orten, an denen die Landschaft in besonderer Weise Lebensenergie hervorbringt[103]. In militärischen Auseinandersetzungen zielte und zielt eine kriegerische Partei nicht zuletzt auf die Zerstörung der Mitte, womit nicht nur die räumliche Mitte, sondern auch die energetische Mitte, das »Herz« gemeint ist, weil dies Rückwirkungen für den ganzen räumlichen und sozialen »Körper« hat. Im Feng

Shui, der chinesischen Variante der Geomantie, hat man ein reiches Wissen darüber entwickelt, wie der Energiefluss im städtischen Raum und innerhalb von Häusern und Wohnungen unterstützt werden kann. Eine Stadt wie Hongkong wird bis heute streng nach Prinzipien des Feng Shui gebaut, und wenn jemand gegen diese Prinzipien verstößt, so kann es ihm passieren, dass er zu einem Rückbau gezwungen wird.[104]

Was heißt das nun konkret und für heute?

Wenn man sich die Erde in einem quasi jungfräulichen Zustand – vor Eingriff des Menschen – vorstellt, kann man ahnen, dass menschliches Tun dramatische Veränderungen und Verwerfungen an den Landschaften hervorgerufen hat. Die wichtigsten und tief greifendsten Eingriffe sind uns alle bekannt: ausufernde Riesenmetropolen wie Mumbai oder New Mexiko mit mehreren Millionen Einwohnern, atomare Testserien auf dem Land, unter Wasser oder unter der Erde, Verkehrsinfrastrukturen, die Betonbänder über die Erde legen, Abholzungen und Rodungen, die ganze Vegetationsbestände vernichten, Emissionen aller Art, die die feinstoffliche Hülle der Erde belasten. Doch selbst dort, wo es weniger dramatisch zugeht, sind die Eingriffe gravierend – z.B. in einer Großstadt wie Essen oder einem metropolitanen Ballungsraum wie dem Ruhrgebiet. Das »Ruhrgebiet«, eine einst wasserreiche Landschaft zwischen den Flüssen Lippe, Emscher und Ruhr, ist heute von 17 Kommunen mit rund 5,3 Millionen Menschen besiedelt; es hat eine der dichtesten Verkehrsinfrastrukturen in Europa und aufgrund des Kohleabbaus ist der Erdboden wie ein Käse durchlöchert. Da lässt sich unschwer ahnen, dass der Energiefluss in der Landschaft auf das Empfindlichste gestört ist. Infolgedessen können sich – um mit Pogacniks Worten zu sprechen – die »Kräfte des Lebens, die sich, aus der Erde quellend, über die ganze Erde ergießen und alle Lebewesen, den Menschen eingeschlossen, mit der Qualität ›Leben‹ beschenken«, nicht mehr frei entfalten.

Es ist müßig, sich vorzustellen, dass die zivilisatorischen Eingriffe einfach zurückgebaut werden könnten. Selbst wenn es uns in Zukunft gelingen sollte, achtsamer mit Landschaften umzugehen, müssen wir auf dem Hintergrund der vorhandenen Eingriffe des Menschen in die Landschaft nach Wegen suchen, wie wir dennoch ein Stück Heilung ermöglichen können. Dies – so begriff ich, indem ich Pogacnik begleitete – kann ein Stück weit mit Hilfe der Steinsetzungen der Lithopunktur geschehen. Dass Türnich inzwischen nicht das einzige Beispiel seines Wirkens war, lernte ich auch: Wie er einem interessierten Publikum in seinem ersten Vortrag vermittelte, hatte er inzwischen weltweit mit dem Lithopunktursystem gearbeitet: in Brasilien, im Dreiländereck zwischen Slowenien, Italien und Österreich, in den USA, in Russland ... Die Liste seiner Projekte wächst von Jahr zu Jahr.[105]

Erdheilungsseminar in Essen

Die Ergebnisse seiner Untersuchungen präsentierte Marko Pogacnik im April 2003 im Essener Burggymnasium. Die Vermutungen bestätigten sich: Essen ist von seiner ursprünglichen Ausstattung her ein Platz mit einer besonderen Landschaftsqualität. Seine beiden wichtigsten Sakralbauten, das Stift (bzw. Münster oder Dom) in der Innenstadt und die Abtei Werden im Essener Süden liegen an einer so genannten planetaren Leyline, die von Norden nach Süden verläuft. Darüber hinaus kreuzt sich vor dem Münster, genauer vor dessen Anbetungskirche St. Johannis, diese Leyline mit einer weiteren planetaren Leyline, die von Westen nach Osten führt, was einen ganz besonderen Energiepunkt schafft. Pogacniks weitere Ausführungen ergeben, dass Essen in hohem Maße belastet ist, weil die Stadtbauten die Landschaft quasi zubetoniert haben. Das gilt besonders für den so genannten Ausatmungspunkt, der unter der Porschekanzel versteckt ist, einem Betonungetüm in mehreren Stockwerken, das als Eingang zu U-Bahn, Kaufhäusern und Rathaus dient. Damit ist der öffentliche Teil seines Besuches beendet. Nun steht nur noch das Seminar aus, das er für Interessierte ausgeschrieben hat.

Eine Gruppe von etwa 35 Menschen, die aus allen Regionen Deutschlands gekommen sind, trifft sich in der Alten Synagoge und macht sich von dort aus auf den Weg. Was uns erwartet, ahne ich nicht, nur so viel, dass der Geomant uns an zentrale Orte seiner Untersuchungen führen wird. Unser Ziel sind besondere Punkte im Stadtraum: Einatmungs- und Ausatmungspunkt, der Wasser-, Erd- und Feuerpunkt, das vitalenergetische Zentrum, zwei Herzpunkte, zwei Punkte, an denen er Engelkräfte wahrnimmt, ein Naturheiligtum an einer Quelle und eine Reihe zentraler Punkte auf den beiden Leylines.

Es ist bitterkalt, der Rundgang nimmt einige Stunden in Anspruch, und dennoch bleiben alle dabei. Um was geht es? Geht es nur um die Vermittlung eines fremd anmutenden Wissens oder kann hier mehr geschehen, nämlich auch ein Stück Heilung der Stadtlandschaft? Wie Pogacnik uns erklärt, hat er einen Weg gefunden, Heilungsimpulse in die Stadtlandschaft zu setzen, der nicht auf die aufwändige Setzung von Lithopunktursteinen angewiesen ist. Er nutzt dabei die Kraft von Schwingungen, die Resonanzen erzeugen. Alle in der Gruppe sind aufgefordert, an diesem Heilungsprozess mitzuwirken: Um jeden der Punkte bilden wir nach seinen Vorgaben konzentrische Kreise. Wir werden aufgefordert, uns auf die Energie des Ortes einzustimmen und unseren Gefühlen mit Hilfe von Tönen Ausdruck zu geben – egal, wie dissonant dies klingen mag. Diese sollen sich nach einer Weile harmonisieren, so dass wir mit einem harmonischen Ton als Gruppe abschließen. Die Erfahrungen, die wir uns jeweils anschließend berichten, sind fremdartig und verblüffend: Jede und jeder erlebt etwas anderes, zum Teil verbunden mit intensiven Bildern. Mich beeindruckt vor allem, wie die zum Teil harten Dissonanzen der Töne jeweils zum Ende in eine friedliche Harmonik einmünden. Es fühlt sich in der Tat an, als könnten wir mit unseren Tönen Resonanzen erzeugen, die etwas auf der energetischen Ebene bewirken, möglicherweise sogar heilen.

Am intensivsten erlebe ich dies beim Ausatmungspunkt. Wie Pogacnik uns bedeutet, lasse die Natur es zu, dass in der Nähe eines total blockierten Punktes ein Ersatzpunkt geschaffen wird, der dieselbe Funktion übernehmen könne. So hat er in der Nähe der Porschekanzel – unmittelbar vor einer Schule – einen Punkt ausfindig gemacht, den er als Ersatzpunkt für geeignet hält. Im Gegensatz zu vorher fordert er uns dieses Mal auf, alle den gleichen Ton kraftvoll anzustimmen. Der Effekt beeindruckt mich tief. Es klingt, als bohrten wir mit einer unglaublichen Macht ein Loch in die Erde. Ich fühle mich an eine Erfahrung in Indien erinnert. Drei Tage erlebte und erlitt ich das Bohren eines Brunnens auf dem Grundstück meines Wohnhauses. Dort wurde eine mächtige Maschine eingesetzt. Hier – so mein Eindruck – waren noch intensivere Kräfte am Werk. Die Resonanzen, die unser Tönen erzeugte, waren derart machtvoll, dass ich mir durchaus vorstellen konnte, dass wir im Begriff waren, einen Ersatz-Ausatmungspunkt zu schaffen. Umso beruhigter war ich darüber, dass wir abschließend auf Pogacniks Aufforderung hin das Tönen sehr friedlich ausklingen ließen.

Als das Seminar vorüber war, hatte ich das Gefühl, Welten betreten zu haben, die mir bislang verschlossen waren. Was ich davon an mich herankommen lassen wollte, wusste ich nicht. Zu vieles war fremd und ungewohnt. Doch zumindest hatte ich begriffen, dass es Menschen gibt, die die Erde und Landschaften nicht nur als lebendigen Organismus begreifen können, sondern die auch die Fähigkeit besitzen, heilend auf sie einzuwirken. So tröstete es mich, als Pogacnik anlässlich einer weiteren Vortragsveranstaltung in Essen im September desselben Jahres – kaum dass er angekommen war – die Orte seines Wirkens aufsuchte. Sein Strahlen wirkte absolut überzeugend: »Es hat sich hier sehr viel getan«, waren seine Worte, und ich war bereit, ihm Glauben zu schenken, dass unser Heilungsseminar etwas für die Essener Stadtlandschaft und die Menschen in dieser Stadt bewirkt hatte.

Lebensqualität erhöhen durch nachhaltige Lebensstile

Das letzte Beispiel führt uns zu den Pionieren neuer Lebensstile. Es gibt sie wirklich, doch noch sind es nur einzelne. Denn es ist wohl nichts schwieriger, als das Gewusste und Begriffene so umzusetzen, dass ein gänzlich neuer Lebensentwurf daraus entstehen kann. Diese Pioniere einer neuen

Art des Zusammenlebens suchen nach Alternativen zu zwei großen Entwicklungslinien unserer gegenwärtigen Gesellschaft, die sich als nicht tragfähig und zukunftsfähig erweisen. Zum einen hat das technische Projekt der Moderne so massive Umweltschäden hervorgerufen, dass ein Übergang zu nachhaltigen Lebensstilen zwingend angesagt ist. Zum anderen haben materialistische Orientierung und Individualisierung zu einer solchen Entfremdung zwischen Menschen geführt, dass Einsamkeit, Süchte und Ängste um sich greifen und Menschen immer größere Schwierigkeiten des Zusammenlebens haben. In der modernen Gesellschaft wird die Nähe schwer und das Ferne leicht. Doch Wohlbefinden und ein Gefühl der Eingebundenheit erzeugt dies nicht.

Die Antworten dieser Pioniere neuer Lebensstile sind vielfältig und radikal. Radikal insofern, als sie mit den herkömmlichen Weisen des Zusammenlebens brechen. Sie suchen einen Weg der alltäglichen Lebensgestaltung, der es ihnen erlaubt, sowohl mit der sozialen als auch mit der natürlichen Mitwelt in Frieden zu leben. Eine Studie, die 1998/1999 von Matthias Donath und Silke Fortmann an der Universität Essen durchgeführt wurde, zeigt gut dokumentiert, in welcher Vielfalt der Formen und Wege dies geschieht.[106] Während die einen den Rückzug aus der Gesellschaft anstreben, möchten die anderen ihre Kräfte bündeln, um besser in die Gesellschaft hineinwirken zu können. Einzelne betreiben vor allem eine soziale Integration nach innen, andere legen den größten Wert auf die Produktion nachhaltiger Güter und einen nachhaltigen Lebensstil im Frieden mit der Natur. Die einen möchten ein Modell sein für generationenübergreifendes Wohnen, die anderen vor allem den Kindern eine lebenswerte Zukunft bieten. Doch sie alle wollen Ernst machen mit dem, was sie begriffen haben. So formuliert einer von ihnen, Wolfram Nolte: »In Gemeinschaft leben, das heißt in seinen höchsten Ansprüchen: zusammen wohnen und arbeiten, sich auseinandersetzen und unterstützen, miteinander lachen und streiten, gemeinsam durch gute wie durch schlechte Tage gehen. Aber auch in Gemeinschaft leben mit Pflanzen und Tieren, sich als Teil des großen planetarischen und kosmischen Zusammenhangs fühlen und begreifen.«[107]

Die neuen Projekte, die aufgrund dieser Sehnsüchte entstanden sind, sind quasi Laboratorien für Zukunftsentwürfe. Donath und Fortmann bescheinigen ihnen:

- Umweltschonungs- und -schutzfunktion;
- Vorbild- und Modellfunktion;
- Motivations- und Mobilisationsfunktion.

Die derzeitige gesellschaftliche Akzeptanz für solche Lebensentwürfe ist gering. Zu groß scheint der Schritt zwischen Erkennen und Umsetzen. Das gilt auch für mich. Selbst wenn ich wiederholt eine der berühmtesten Gemeinschaften, die Findhorn-Gemeinschaft in Schottland, anlässlich von Konferenzen und Seminaren aufgesucht habe,[108] habe ich mich nie entschließen können, einer solchen Gemeinschaft beizutreten. Individualismus lässt sich nicht einfach wie ein Kleidungsstück abstreifen; er verankert sich im seelischen Gewebe. Widerstände gegen eine nicht gewollte und gesuchte Nähe treten auf. So bemühe ich mich, wie manch andere auch, meinen Lebensstil zumindest ansatzweise nachhaltig auszurichten.[109] Selbst das ist nicht einfach. Ein Gefühl des Ungenügens bleibt.

Die Zeit und die ökologischen und sozialen Entwicklungen werden uns lehren, ob die Pioniere neuer Lebensstile mehr sind als nur gesellschaftliche Außenseiter. Es wird sich zeigen, ob sie einen Weg weisen, der nicht nur kleine und kleinste Zirkel ergreift, sondern eine gesellschaftlich notwendige Antwort auf soziale und ökologische Verwerfungen darstellt. Hier zwei kleine Beispiele aus der breiten Palette von derartigen Lebensentwürfen, wie sie in der Studie von Donath und Fortmann dokumentiert wurden.[110]

Lebensgarten Steyerberg: eine sozial-ökologische Gemeinschaft

Der Lebensgarten Steyerberg[111] ist eines der größeren deutschen Gemeinschaftsprojekte. Ein Sohn der Erbengemeinschaft Benzin wurde durch einen Besuch in der Findhorn Community in Schottland inspiriert, ein ähnliches Projekt in Deutschland zu gründen. 1985 kaufte die Berliner Erbengemeinschaft die ehemalige Rüstungsarbeitersiedlung Steyerberg bei Nienburg/Niedersachsen und fand schnell Mitgründer und Mitstreiter zur Gründung des Vereins Lebensgarten Steyerberg e.V. Die Vision der Lebensgärtner ist eine Gemeinschaft voller Phantasie und Toleranz, in der Menschen Stärke, Rückhalt und Geborgenheit erhalten und zum Einklang mit sich selbst, mit ihren Mitmenschen und mit der Natur finden.

Das Gelände des Lebensgartens Steyerberg ist ca. vier Hektar groß und bietet mit seinen 43 Reihenhäusern etwa 100 Erwachsenen und 50 Kindern Platz zum Leben, Wohnen und Arbeiten. Das Hauptgebäude wird von allen Mitgliedern genutzt; außerdem gibt es im Lebensgarten mehrere Büros und Lädchen, ein Café und ein Gästehaus. Ein sorgfältig angelegter Nutzgarten erlaubt die weitgehende Selbstversorgung mit Obst und Gemüse. Viele Mitglieder üben Berufe außerhalb der Gemeinschaft aus, was es ihnen auch etwas schwerer macht, an gemeinschaftlichen Aktivitäten wie den morgendlichen Andachten, Meditationen und Kreistänzen teilzunehmen. Feste und Veranstaltungen werden jedoch gemeinsam durchgeführt. Dazu gehören Feste zu Ostern, Weihnachten und Silvester sowie vielfältige Kunst-, Musik- und Theaterveranstaltungen.

Szene aus dem Lebensgarten Steyerberg

Im Gegensatz zu kleineren Gemeinschaftsprojekten ist es im Lebensgarten gut möglich, einen privaten und individuellen Alltag zu leben. Man kann sich ohne Weiteres für eine Zeit lang aus der Gemeinschaft zurückziehen, niemand muss sich aufopfern. Es wird jedoch sehr darauf geachtet, dass alle Mitglieder gut in die Gemeinschaft integriert sind. Besonders Kinder, alte und behinderte Menschen genießen die Vorteile gemeinschaftlichen Lebens: Kinder finden immer Kameraden zum Spielen; Alte und Behinderte erfahren viel Zuneigung und werden so gut wie möglich in die Gemeinschaftsaktivitäten und -entscheidungen mit einbezogen. Der freundschaftliche und unverkrampfte Umgang hilft denjenigen, die von sich aus nicht leicht auf andere Menschen zugehen. Und das Vertrauen untereinander ist sehr groß, weil die Nachbarschaft nicht auf räumlicher Nähe, sonder auf gemeinsamen Werten und Zielen gegründet ist. Der Lebensgarten Steyerberg vereint so die Wertschätzung von Mitmenschen und Umwelt in einem einzigartigen Projekt, das über die Jahre nichts an ihrer visionären Kraft eingebüßt hat.

Stiftung Synanon

Andere Gemeinschaftsprojekte, von denen in der Studie von Donath und Fortmann berichtet wird, zeigen einen anderen Fokus. So konzentriert sich z.B. die Stiftung Synanon darauf, Menschen zu helfen, die sich in eine Suchtproblematik verstrickt haben. Sie wurde 1971 von Betroffenen gegründet und zählte im Jahr 1999 rund 320 Mitglieder in Berlin und im umliegenden Brandenburg. 2006 nimmt sie rund 700 bis 800 Süchtige pro Jahr in zumeist akuten Notsituationen auf.

Die Stiftung verfügte bis 2000 über einen landwirtschaftlichen Betrieb, dessen Flächen in Schmerwitz an einen privaten Investor verkauft und als selbständige Suchthilfe fortgeführt werden. Bis zu dem Verkauf wirtschaftete der Hof nach ökologischen Prinzipien mit artgerechter Tierhaltung, so dass die Produkte mit Öko-Zertifikat verkauft werden konnten. Zum Hof gehörten annähernd 1000 Schafe, rund 300 Schweine, mehr als 1000 Milchkühe sowie Kälber, Ochsen und Bienenvölker. Die Stiftung Synanon unterhält weiterhin zahlreiche Handwerksbetriebe von Sanitärinstallation über Malerei bis zu Tischlerei, in denen die Synanon-Bewohner eine Ausbildung oder Qualifizierung absolvieren können. Wer sich von seiner Sucht befreien will, muss sich verpflichten, in den ersten sechs Monaten jeglichen Kontakt nach außen abzubrechen und strikt auf jeglichen Drogenkonsum sowie Rauchen und auf Gewalt zu verzichten. Der Alltag ist straff geordnet mit regelmäßigen gemeinsamen Essenszeiten. Die Kosten werden durch eigene Einnahmen, Spenden und öffentliche Mittel aufgebracht.

Diese zwei Beispiele aus der Studie von Donath und Fortmann ließen sich beliebig ergänzen. Die Gemeinschaftsprojekte unterscheiden sich erheblich hinsichtlich Größe (vom Kleinsthof bis zu einer Größe von rund 100 Mitgliedern und mehr) und Ausrichtung. Bei den einen steht das soziale Engagement im Vordergrund, andere sind stärker ökologisch ausgerichtet, wieder andere setzen vor allem einen kulturellen Akzent. Doch jedes dieser Projekte berücksichtigt in der einen oder anderen Weise ökologische Belange, oder anders formuliert: Ein wichtiges Motiv der Gemeinschaftsbildung ist der schonende Umgang mit den Ressourcen, die uns die Erde zur Verfügung stellt. Wie eines ihrer wichtigsten Vorbilder – die Spirituelle Community Findhorn im Norden von Schottland – jedoch beispielhaft zeigt, lässt sich Ökologie nicht einfach vom Sozialen, Kulturellen und Ökonomischen trennen.[112] Sie bilden eine Einheit. So ist es auch mit der Wertschätzung. Sie macht weder beim Individuum noch bei der Gesellschaft Halt, sondern wirkt – als eine Kraft des Herzens – ganzheitlich und erstreckt sich gleichermaßen auf die Natur, die Art unseres Wirtschaftens und die Art unseres kulturellen Schaffens.

Ausblick

Der tiefe menschliche Wunsch danach, gesehen, gehört und geliebt zu werden, macht Wertschätzung zu einer unendlich wertvollen Ressource unseres Zusammenlebens. Doch Wertschätzung ist mehr. Es ist eine Haltung des Herzens, die sich auf mich selbst, auf meine Mitmenschen und auf die belebte Natur erstreckt. Sie speist sich aus dem Wissen, dass wir letztlich alle eins sind und teilhaben an der Einheit der Schöpfung Gottes, der sich in uns und in der Welt der Formen manifestiert.

Wertschätzung hilft mir, die Dinge so zu nehmen, wie sie sind, d.h. mich nicht gegen sie aufzulehnen, sondern sie im ersten Schritt als eine Aufgabe zu akzeptieren, die Gott mir gestellt hat. Aus dieser Haltung erwächst dann die Kraft zu einem Tun in Übereinstimmung mit meinen tiefen Wünschen und Sehnsüchten, der/die zu werden, der/die ich immer schon war, eine Verkörperung göttlicher Liebe. So kann ich zum Frieden mit der inneren und äußeren Natur gelangen.

In meinem ersten Band zum Thema Wertschätzung habe ich die Siebenmeilenstiefel erwähnt, die mir helfen, eine Haltung der Wertschätzung zu entwickeln.[113] In diesem Buch habe ich nun anhand zahlreicher Beispiele illustriert, dass und wie wir in vielen Lebens- und Arbeitsbereichen mehr Wertschätzung entwickeln können. Deswegen möchte ich die dort erwähnten sieben Schritte um drei weitere ergänzen:

1. Führen Sie ein Tagebuch über Ihren eigenen Fortschritt.

Wenn Sie sich die Zeit und die Muße gönnen, Ihren eigenen Weg zu mehr Wertschätzung festzuhalten, so hilft Ihnen dies, Ihre Aufmerksamkeit neu auszurichten und vor allem die kleinen und größeren Erfolge der Wertschätzung zu feiern.

Wertschätzen dessen, was wir als positiv erleben und begrüßen, fällt leicht. Wertschätzen dessen, was uns Kummer und Sorgen bereitet, fällt dagegen weitaus schwerer. Hier gilt es, das »Gute im Schlechten« zu erkennen, um sich nicht in Schuld und Scham, Selbstverteidigung oder in Vorwürfe gegenüber anderen zu verstricken. Achten Sie darauf, Wertschätzung für beides zu entwickeln und zu dokumentieren. Gerade dort, wo es schwerfällt, können sich die größten Herausforderungen und Lernchancen zeigen.

2. Suchen Sie nach positiven Beispielen der Wertschätzung in gesellschaftlichen Bereichen, die Sie interessieren. Prüfen Sie, ob Sie selbst einen relevanten Beitrag leisten können, um dort Wertschätzung zu unterstützen.

Stimmen Sie nicht in die allgemeinen Klagen über einen Mangel an Wertschätzung ein. Machen Sie sich stattdessen auf die »Juwelensuche«; sie kann sogleich beginnen. In diesem Buch wurden Beispiele aus den Bereichen Politik, Wirtschaft, Schule, Medien, Religion gewählt. Sie ließen sich beliebig vermehren. Auch in anderen gesellschaftlichen Feldern lassen sich Praktiken erfolgreicher Wertschätzung aufspüren: in der Nachbarschaft, im Gesundheitswesen, im Justizwesen, bei der Polizei, beim Militär, in der Entwicklungspolitik, in der Kommune. Überall gibt es solche »Juwelen«. Lassen Sie sich anregen, selbst mehr Wertschätzung in Bereichen zu praktizieren, die Sie mitgestalten.

3. Wagen Sie sich auch auf das schwierige Gebiet der Wertschätzung der natürlichen Mitwelt.

Für viele von uns ist das die größte Herausforderung. Wie lässt sich dies in einer superindustriellen Gesellschaft wie der unseren überhaupt bewerkstelligen? Vielleicht hilft Ihnen das Bild der beseelten Natur. Vielleicht bauen Sie sich rationale Brücken, indem Sie sich klar machen, dass Sie nicht den Ast absägen wollen, auf dem Sie sitzen. Vielleicht holen Sie sich ergänzende Anregungen in meinem vorangehenden Buch über Wertschätzung.[114] Wie dem auch sei, auch hier gilt in Abwandlung des Satzes von Schumacher, »small is beautiful«[115], der Satz »a little is a lot«. Im *Jahrbuch Ökologie*[116] haben wir Jahr für Jahr solche Ermutigungen gesammelt und festgestellt, mit wie viel Kraft und Idealismus Menschen daran mitwirken, dass wir überhaupt eine Zukunft haben können, denn ohne eine intakte Ökosphäre ist auch unser Überleben auf diesem Planeten grundlegend gefährdet.

Zählt die falschen Schritte und ihr werdet sie
mit Sicherheit wiederholen.
Richtet Eure Aufmerksamkeit auf das,
was Ihr braucht,
nicht auf das, was Ihr vermeiden müsst.«

Sathya Sai Baba

Kurz, die Botschaft dieses Buches ist: Schauen wir den Dingen realistisch in die Augen, lassen wir uns nicht entmutigen und tanken wir Kraft an den Beispielen, die bereits jetzt einen Ausweg aus der Krise zeigen, in die wir uns selbst manövriert haben. Mobilisieren wir unsere Energien, um Zukünfte zu schaffen, in denen wir wertschätzend mit uns selbst, mit anderen und mit der natürlichen Mitwelt umgehen!

Anhang

Glossar

Advaitisch
Nicht-Zweiheit, Non-Dualität. Philosophie Indiens, wonach die gesamte Schöpfung Ausdruck des EINEN ist. Der formlose Schöpfergott Brahman manifestiert sich in der gesamten Schöpfung als Atman, als der göttliche innewohnende Funke. Das Schöpfungsprinzip und das Geschaffene sind wesensmäßig gleich. Die Lehre der Non-Dualität geht auf die Veden zurück.

Agenda 21
Lokales Aktionsprogramm zur Umsetzung der internationalen Rio-Deklaration von 1992, das das Leitbild der Nachhaltigkeit in konkrete Projekte für Kommunen übersetzt, z.B. im Bereich Energiesparen, Mobilität, Umweltbildung, Entwicklungspartnerschaften oder Stadtgrün.

Alumni
Personen, die eine Aus-, Weiterbildung oder ein Studium erfolgreich abgeschlossen haben.

Anthroposophie
Wörtlich: Weisheit vom Menschen. Von Rudolf Steiner (1861–1925) begründete spirituelle Weltanschauung und Erkenntnislehre,

die die Freiheit des Menschen betont, der sich aus der Bevormundung aller Systeme, auch religiöser, befreien soll, damit er sich einen individuellen Zugang zu übersinnlichen Phänomenen verschaffen kann.

Appreciative Inquiry (AI), Wertschätzende Befragung
Ein lösungs- und dialogorientiertes Kommunikationsverfahren, das von Cooperrider und Whitney entwickelt wurde. Es findet Anwendung in der Organisations-, Team- und Persönlichkeitsentwicklung.

Ashram
In Indien Aufenthaltsort eines Weisen oder Heiligen. Zentrum für religiöse Studien.

Atman
Nach den Veden: Die unsichtbare Grundlage, das wirkliche Selbst, die dem Menschen und allem Geschaffenen innewohnende Göttlichkeit, die eigentliche Substanz der gesamten objektiven Welt.

Authentizität
Übereinstimmung zwischen Gefühlen und Verhalten, Unbewusstem und Bewusstem; auch Einheit von Gedanken, Worten und Taten.

Avatar
In der indischen Spiritualität Begriff für eine göttliche Inkarnation, die gekommen ist, um den Menschen den rechten Weg zu weisen.

Ayurveda
Das Wissen vom langen gesunden Leben, eine Jahrtausende alte Wissenschaft und Lebenslehre, die auf spirituellen Prinzipien basiert.

Bahai
Die Bahai sind vor allem in Indien, Afrika und Südamerika, aber auch in der westlichen Welt beheimatet, rekrutieren sich meist aus gebildeten Schichten und lehren die Einheit der Religionen und Wege zu Gott. Damit sind sie zum Teil heftigen Verfolgungen ausgesetzt.

Beginen
Gemeinschaft von Frauen, die ohne Gelübde in einer spirituellen und sozialen Gemeinschaft in »Beginenhöfen« leben. Entstanden im 12. Jh. in den Niederlanden, erleben sie derzeit eine Renaissance.

Brahman
Nach den Veden: »Das Allumfassende; das Universelle; das alles durchdringende, göttliche, namenlose, formlose, ewig absolute, allem innewohnende Prinzip.« (Mittwede 1992)

Bhuddi
Nach den Veden Unterscheidungskraft, Höhere Intelligenz, Intuition, im Unterschied zu Gedanken und Gefühlen.

Burnout
Engl. ausgebrannt sein. Berufsbedingte psychologische Erschöpfung mit verschiedenen Symptomen, z.B. chronische Müdigkeit, Konzentrationsschwäche, Nichtbeachtung eigener Bedürfnisse.

Coaching
Aus dem Englischen coach: Trainer, Berater, Motivator. Coaching ist eine professionelle Form individueller Beratung im beruflichen Alltag. Coaching unterstützt die Persönlichkeitsentwicklung und führt, sofern es auf einem transpersonalen Ansatz wie der Psychosynthese basiert, zu nachhaltiger Transformation, größerer Lebensfreude und Effizienz.

Dialog
Kommunikationsweise, die im Gegensatz zu Diskussion oder Debatte nicht auf richtig oder falsch abzielt, sondern darauf, die eigene Sicht der Dinge um die der anderen zu bereichern und damit gemeinsam neuen Sinn zu konstruieren.

Dharma
Nach den Veden: Rechtschaffenheit oder Göttliche Ordnung, Grundlage des spirituellen Lebens.

Dhoti
Traditionelles Beinkleid indischer Männer. Gegenstück zum Sari der Frauen. Er besteht aus einem langen Stück Stoff, das in der

Taille zusammengeknotet und hosenartig um die Beine geschlungen wird.

EGKS (Europäische Gemeinschaft für Kohle und Stahl)
Auch Montanunion. Wesentlich begründet von Robert Schuman und Jean Monnet (franz. Politiker). Wirtschaftlicher Zusammenschluss (1951) von Deutschland, Frankreich, Italien und den Benelux-Staaten, der ihnen Zugang zu den Produktionsfaktoren für Kohle und Stahl verschaffte, ohne Zoll zahlen zu müssen. Vorgänger der Europäischen Gemeinschaft und der Europäischen Union.

Feng Shui
Chinesisches System zur Harmonisierung der Schwingungen und Energien in Gebäuden und Wohnräumen, das in veränderter Form auch in westlicher Architektur angewendet wird.

Fraktal
von lat. fractus: gebrochen. Bezeichnet Muster der Selbstähnlichkeit, z.B. wenn ein Objekt aus mehreren verkleinerten Kopien seiner selbst besteht.

Geomantie oder Geomantik
Laut Marko Pogacnik bezeichnet es einen »ganzheitlichen Zugang zu den feinstofflichen, das heißt unsichtbaren Dimensionen der Erde, der Natur und der Landschaft, die an der Schwelle zur Neuzeit fast vollkommen aus dem Bewusstsein der europäischen Kultur verschwunden« sind.

IBA (Internationale Bauausstellung) Emscherpark
Bauausstellung 1989 bis 1999 im Ruhrgebiet, die den wirtschaftlichen Niedergang aufhalten und dem Gebiet neue Impulse geben sollte. Ziel war, die Lebens-, Wohn- und ökologische Qualität zu erhöhen. In dem Vorhaben wurden rd. 2,5 Mrd. € öffentlicher Mittel an 120 Standorten eingesetzt. Ein zentrales Projekt war Umbau und Renaturierung der industriell stark verschmutzten Emscher.

»Juwelensuche« in der AI
In der AI (vgl. Appreciative Inquiry) eine wichtige Methode, um

den Blick auf die Stärken zu lenken und die Aufmerksamkeit von Schwäche, Problemen und Fehlern abzuziehen.

Leyline
Nach der Lehre der Geomantie Kraftlinien, die den Energiefluss auf dem Körper der Erde regulieren.

Mantra
Plural: Mantren. Heilige Worte oder Gebetsformel, die der Meditation dienen. Im Christentum könnte man »Amen« und »Halleluja« als Mantren bezeichnen.

Meditation
Versenken in die Innenwelt mit dem Ziel, die Gedanken zur Ruhe zu bringen, so dass sich in der Stille das Göttliche mitteilen kann.

Mentale Modelle
Gedankliche Vorstellungen im Sinne von »wenn …, dann …«-Verknüpfungen, die – meist unbewusst – meine Wirklichkeit konstruieren. Mentale Modelle entstehen vor allem in früher Kindheit und verfestigen sich durch Erfahrungen.

Nachhaltigkeit
Begriff aus der Forstwirtschaft: Der Holzeinschlag ist nachhaltig, wenn er die Fähigkeit des Waldes zur Regeneration nicht überschreitet. Der Begriff fand in den 90er-Jahren Eingang in die Ökologiedebatte und bezeichnet dort einen Umgang mit Ressourcen und natürlicher Mitwelt, der die Bedürfnisse der nachfolgenden Generation berücksichtigt und ökologische, ökonomische und soziale Interessen ausbalanciert, anstatt sie gegeneinander auszuspielen. Inzwischen ist Nachhaltigkeit ein national und international verwendetes politisches Konzept sowie ein Forschungsgebiet.

Philosophia perennis
Lat. immerwährende Philosophie. Bezeichnung für Aussagen (etwa in Form von Prinzipien), die ewige, unveränderliche und universal gültige Wahrheiten über die Wirklichkeit, insbesondere über den Menschen und den Geist, beinhalten. Quellen der Philosophia perennis sind neben der antiken und scholastischen Philoso-

phie auch die mystisch-esoterischen Traditionen der Hochreligionen, z.B. die christliche Mystik (Christentum), Advaita (Hinduismus), Kabbala (Judentum), Sufismus (Islam) und Zen (Buddhismus).

Psychosynthese
Eine Psychotherapierichtung und Methode, die auf Roberto Assagioli, einen Schüler von Freud, zurückgeht. Die Psychosynthese ist im Gegensatz zur Psychoanalyse ein transpersonales Konzept, das auf Synthese (statt Analyse), auf Einbeziehung des Höheren Unbewussten (statt allein des Schattens) sowie auf die Aktivierung des Willens zielt. Das Höhere Selbst wird als ordnendes Prinzip von Psyche und Bewusstsein begriffen.

Puja
Opferritual im Hinduismus und Buddhismus.

Puttaparthi
Ort in Südindien, nahe Bangalore. Ort des Ashrams von Sathya Sai Baba.

Retreat
Zeit des Rückzugs, meist in ein Kloster, für spirituelle Studien.

Rishi(s)
Seher im alten Indien und in Sri Lanka, die wie die Propheten der Bibel geoffenbartes Wissen niederlegten.

Sathyagraha
Die von Mahatma Gandhi angeführte Bewegung zur gewaltlosen Befreiung Indiens von der britischen Herrschaft, die er unter den Titel Sathyagraha oder »Festhalten an der Wahrheit« stellte.

Sathya Sai Baba
Avatar, der seinen wichtigsten Ashram in Puttaparthi in Südindien hat.

Shareholder-Value
(Monetärer) Wert, der den Anteilseignern einer Aktiengesellschaft zugute kommt.

Stakeholder-Value
Wert für alle, die an einer Unternehmung Interesse haben: Unternehmensführung, Mitarbeiter, Anteilseigner, Lieferanten, Kunden und die Öffentlichkeit.

Transpersonal
Über das Personale und Persönliche hinausweisend; bezeichnet die geistige Dimension des Menschen und damit dessen spirituelle Herkunft.

Tsunami
Flutwelle, die durch ein Seebeben ausgelöst wird.

Veden
Korpus der heiligen Schriften Indiens, die ältesten Texte der indischen spirituellen Literatur. Die Veden sind zugleich heilige Schwingungen, die den Sehern, den Rishis, vor Tausenden von Jahren geoffenbart wurden.

Yoga
Sanskrit für Vereinigung, Integration, Selbstbeherrschung. Indische philosophische Lehre, die die unterschiedlichen Wege zur Verschmelzung mit dem Göttlichen lehrt: Karmayoga, der Weg des Handelns, Bhaktiyoga, der Weg der Hingabe, Ynanayoga, der Weg des Wissens.

Anmerkungen

1 Die Formel der Veden, der heiligen Schriften des Hinduismus, für die Einheit von Schöpfer und Geschaffenem. Danach gibt es nichts außerhalb von Gott. Die ganze manifeste Welt ist der Körper Gottes: Es gibt nur das EINE, kein Zweites.
2 Mettler-v.Meibom 2006 (a)
3 Das vorliegende Buch kann für sich alleine genommen werden, doch seine volle Kraft wird es entfalten, wenn beide Bücher gemeinsam gelesen werden.
4 Mettler-v.Meibom 2006 (b)
5 Um nur einige zu nennen: StiftungAuthentischFühren – Zen-Akademie für Führungskräfte (www.authentisch-fuehren.de), Spiritual Venture Network (www.spiritual-venture.net), Autoreninitiative Business for Life, Lassalle Institut (www.lassalle-institut.org)
6 Maslow 2002
7 Vivekananda 1986/1993; Fischer 2002 (a) und 2002 (b)
8 Vivekananda 1986/1993, S. 38
9 Mettler-v.Meibom 2001
10 Der Text dieses Abschnittes geht in Teilen auf meinen Beitrag zum Handbuch *Schule im Gender Mainstream* zurück, Mettler-v.Meibom 2005 (b)
11 Gray 1998
12 vgl. Pease; Pease 2000
13 vgl. Engl/Thurmaier 2006 und deren Kommunikationstrainings für Paare »Ein partnerschaftliches Lernprogramm« und »Konstruktive Ehe und Kommunikation« www.institutkom.de).
14 Schuppener 2002
15 Böttger 1990
16 Trömel-Plötz 1984
17 Pusch 1984
18 Gray 1998; Pease; Pease 2000; Tannen 1999

19 Richter 1979
20 Auch sonst unterscheiden sich die Wahrnehmungen und Verhaltensweisen von Männern und Frauen. Vgl. neuere Forschungsergebnisse z.B. bei Schuppener 2002.
21 Pease; Pease (2000) betonen sogar, dass Frauen und Männer gehirnphysiologisch unterschiedlich ausgestattet seien und erklären daraus zahlreiche grundlegende Kommunikationsunterschiede.
22 vgl. Hartkemeyer; Hartkemeyer 2005, Dhority; Hartkemeyer; Hartkemeyer 1998, Rosenberg 2001
23 Schwan 2004
24 Colegrave 1992, S. 127
25 Mettler-v.Meibom 2006 (a), S. 188 ff.
26 Unger; Kleinschmidt 2006
27 Nähere Informationen über den Ashram und sein Leben finden sich in Mettler-v.Meibom 2000, S. 165
28 Mettler-v.Meibom 1995
29 Quelle: Statistisches Bundesamt, Stand 11/2004
30 Informationen unter www.go.nrw.de
31 Mettler-v.Meibom 1996, S. 188 ff.
32 Informationen unter www.arbeit-in-essen.de
33 Informationen unter www.uni-essen.de/meduse, siehe auch www.forum-mentoring.de für bundesweite Mentoringprogramme an Hochschulen
34 Informationen unter www.beginenhof.de
35 Ditfurth 1984
36 Childre; Martin 2000
37 Kuby 2003 (2005); vgl. auch seinen Beitrag in Quarch; Kothes 2005
38 Geißler; Held 1995
39 Kübler-Ross 2002
40 So lautete der Titel der »2. Spirituellen Sommerakademie« auf der Raketenstation Hombroich vom 21.-23. Juli 2006, www.spirituelle-sommerakademie.de
41 Feng Shui ist der mittlerweile bekannte chinesische Begriff. In Indien heißt dieselbe Tradition Vastu.

42 Leinemann 2004
43 Leutz 1986
44 vgl. Poidevin 1986
45 vgl. auch Mettler-v.Meibom 2000, S. 141 ff.; Gandhi 1994
46 vgl. ausführlich in Mettler-v.Meibom 2001
47 Details vgl. Mettler-v.Meibom 2000, S. 155 ff.
48 vgl. etwa in der Akademie Heiligenfeld 2006 zum Thema »Der neue Geist der Wirtschaft«, die Konferenz der Initiative »Spirit in Business« (Lassalle-Institut) zum Thema »Ethik in Unternehmen – Utopie oder Wirklichkeit« (Zürich 2004) u.ä.
49 z.B. neuere Arbeiten im deutschsprachigen Raum von Kohtes 2005; Wielens; Kohtes 2006; Oppelt 2004; Gamper 2005; Galuska 2005; Fromm und Fromm 2005; Kofman 2005; Osterhammel 2005; Kugler 2005
50 Vivekananda 1986/2003, S. 25
51 vgl. Wiedergabe des Vortrags in Forsythe 2001
52 vgl. Mettler-v.Meibom 2006a, S. 39 ff.
53 Deckstein 2003
54 http://www.srisathyasai.org.uk/2004/MedicalServices.php
55 vgl. ausführlich Hawley 1993, S. 48 f.
56 Ich selbst habe in den 70er- und 80er-Jahren intensiv an diesem Diskurs in Deutschland teilgenommen, der sich in diversen Publikationen niedergeschlagen hat. Er führte Ende der 80er-Jahre z.B. zu einem breiten Bündnis von Personen, die sich im Institut für Informations- und Kommunikationsökologie (IKÖ) mit derartigen Fragen auseinandergesetzt haben. Dort wurde auch die Frage des Datenschutzes intensiv diskutiert, vgl. auch »Zeitschrift für Kommunikationsökologie« (www.ikoe.de).
57 Das Landesprogramm »Mensch und Technik – Sozialverträgliche Technikgestaltung« (So-Tech-Programm) 1984 erforschte die soziale Gestaltung des technischen Wandels, Ergebnisse vgl. Alemann 1992
58 vgl. auch Mettler-v.Meibom 2006(a)
59 vgl. Mettler-v.Meibom 2006, S. 184 ff.

60 vgl. dazu die jährlichen Daten zur Mediennutzung von Media Perspektiven, www.media-perspektiven.de
61 vgl. zum Thema Einsamkeit in der Mediengesellschaft Mettler-v.Meibom 1996 sowie 1997 (a)
62 vgl. auch Mettler-v.Meibom 2000
63 Mettler-v.Meibom 1995
64 Mettler-v.Meibom 1995, S. 26 f.
65 So in einer Veranstaltung mit dem gleichen Titel vor dem Managerkreis der Friedrich-Ebert-Stiftung am 24.2.2005
66 z.B. in einer Hörersendung von WDR 5 am 26. Februar 2005, bei der es um die Frage geht, ob die Medien helfen können, die Erziehungsprobleme von Eltern zu beheben. Auch Fernsehsendungen wie die »Super Nanny« greifen die Fragen auf und machen sie – egal ob in einer angemessenen Form oder nicht – zum Gesprächsthema.
67 http://www.saieducare.org/html/index.asp
68 vgl. z.B. Sathya Sai Education in »Human Values, Introduction and Lesson Plans«, Book 4, Age 13 years, Sathya Sai Education in Human Values Trust, UK 2002, S. 28–29, s. auch Stöcklin-Meier 2003
69 Institute of Sathya Sai Education 2000, S. 7
70 vgl. das Projekt »Empowerment und Wertschätzung für Lehrerinnen und Lehrer«: www.communio-essen.de/lehrer.htm
71 »Rhythm is it!« Kinofilm der Berliner Philharmoniker von Thomas Grube und Enrique S. Lansch, 2003. Homepage: www.rhythmisit.com
72 www.iba.nrw.de
73 www.uni-essen.de/~gpo202/
74 Langer; Backer 2005
75 vgl. www.gesamtschule-essen-holsterhausen.de
76 vgl. Mettler-v.Meibom 2000, S. 134
77 vgl. Vivekananda 1986/1993
78 Vivekananda 1986/1993, S. 95
79 Vivekananda 1986/1993, S. 96
80 Neumann 1987, S. 99
81 vgl. auch www.benediktushof-holzkirchen.de

82 Stiftung Weltethos www.weltethos.org
83 www.uri.org
84 The United Religions Initiative Charter, 2000 www.uri.org/about_uri.html
85 Zahlen vom 8. März 2005
86 zu Hintergrund und Literatur vgl. die Websites des United Nations Environment Programme www.unep.org und United Nations Development Programme www.undp.org
87 vgl. Wortlaut des Kyoto-Protokolls unter www.unfccc.int
88 Naess 1996
89 »The earth gives the signals which we do not try to comprehend.« Malini Peiris in *Daily News*, Sri Lanka, 8. Januar 2005, S. 7
90 Lucien Rajakarunanayake in *Daily News*, Sri Lanka, 8. Januar 2005, S. 7
91 *The Cultural Triangle of Sri Lanka* 1993
92 Ansprache von Sathya Sai Baba am 25.10.2004 in Puttaparthi in der deutschen Übersetzung von Susanne Boehnke (masch. Vervielf.)
93 vgl. auch Marko Pogacnik 2000 (a). In den Künsten können wir die Spuren dieses Wissens noch heute sehen. So hatte z.B. der berühmte siebenarmige Leuchter im Essener Dom an seinen Füßen Plastiken der Elementarwesen, von denen der Gnom bis heute gut erhalten ist.
94 vgl. Ingensiep 1995 und Mayer-Tasch 1994
95 Nach den Veden haben wir fünf Körperhüllen: annamayakosha, den grobstofflichen Körper, pranamayakosha, den Vitalkörper, manomayakosha, den Emotional- und Geistkörper (emotions and mind), jnanamayakosha, den Sitz des höheren Bewusstseins und anandamayakosha, den Glückseligkeitskörper, (vgl. Mettler-v.Meibom 2000, S. 126)
96 Flensburger Hefte 2003
97 Findhorn Community 1975, McLean 2005
98 Eine ausführlichere Dokumentation findet sich unter http://www.communio-essen.de/SpirituelleOrteRuhrgebiet.htm; vgl. auch Quarch; Kohtes 2005

99 vgl. Pogacnik 1989/2001
100 a.a.0.,vgl. auch www.schloss-tuernich.de
101 Pogacnik 2000 (b), S. 11
102 Pogacnik 1996, S. 9
103 vgl. Merz 1984/1999
104 Too 1999/2000
105 Pogacnik 1996
106 Die ganze Studie ist nachzulesen unter www.prometheusonline.de/heureka/nachhaltigkeit/monografien/donath-Fortmann
107 Donath; Fortmann 1999, Punkt 1.1
108 vgl. Mettler-v.Meibom 2000, S. 175 ff.
109 vgl. Mettler-v.Meibom 2006 (a), S. 148 ff.
110 Donath; Fortmann 1999, S. 5 ff.
111 www.lebensgarten-steyerberg.de
112 vgl. Mettler-v.Meibom 2000, S. 181
113 vgl. Mettler-v.Meibom 2006 (a), S. 211 ff.
114 Mettler-v.Meibom 2005, S. 148 ff.
115 Schumacher 1977
116 vgl. *Jahrbuch Ökologie* 1992 ff.

Literatur

Alemann, Ulrich v.; Schatz, Heribert; Simonis, Georg et al.: *Leitbilder sozialverträglicher Technikgestaltung,* Opladen: Verlag für Sozialwissenschaften 1992

Assagioli, Roberto: *Die Schulung des Willens. Methoden der Psychotherapie und der Selbsttherapie,* Paderborn: Junfermann 1994

Assagioli, Roberto: *Psychosynthese. Handbuch der Methoden und Techniken.* (Neuedition von Ulla Pfluger-Heist), Rümlang: Nawo 2004

Bohm, David: *Der Dialog. Das offene Gespräch am Ende der Diskussionen,* Stuttgart: Klett-Cotta 2000

Bonsen, Matthias zur; Maleh, Carole: *Appreciative Inquiry (AI): Der Weg zu Spitzenleistungen,* Basel: Beltz 2001

Böttger, Barbara: *Das Recht auf Gleichheit und Differenz,* Münster: Westfälisches Dampfboot 1990

von Brück, Michael: *Wie können wir leben? Religion und Spiritualität in einer Welt ohne Maß,* München: dtv 2005

Caddy, Eileen: *Opening Doors Within,* Scotland: Findhorn Press 1986

Carson, Rachel: *Der stumme Frühling,* München: Beck 1996 (Originalausgabe 1962)

Childre, Doc; Howard Martin: *Die HerzIntelligenz-Methode. Grundlagen, Anwendungen, Perspektiven,* Kirchzarten bei Freiburg: VAK 2000

Colegrave, Sukie: *Yin und Yang. Die Kräfte des Weiblichen und des Männlichen. Eine inspirierende Synthese von westlicher Psychologie und östlicher Weisheit,* Frankfurt a.M.: Fischer 1992

Cooperrider, David L.; Whitney, Diana: *Collaborating for Change, Appreciative Inquiry,* San Francisco: Berrett-Koehler 1999

Deckstein, Dagmar: Dichter, Denker und Drogisten, in: *Süddeutsche Zeitung* vom 31. Oktober 2003, S. 32

Dhority, L. Freeman; Hartkemeyer, Johannes; Hartkemeyer, Martina: *Miteinander denken. Das Geheimnis des Dialogs,* Stuttgart: Klett-Cotta 1998

Ditfurth, Hoimar v.: *Wir sind nicht nur von dieser Welt. Naturwissenschaft, Religion und die Zukunft des Menschen,* München: dtv 1984

Donath, Matthias; Fortmann, Silke: *Zukunft durch Gemeinschaft. Mit Gemeinschaftsprojekten in eine zukunftsfähige Gesellschaft*. Online-Publikation 1999 unter www.prometheusonline.de/heureka/nachhaltigkeit/monografien/donath-fortmann/index.htm

Donath, Matthias; Mettler-v.Meibom, Barbara: *Kommunikationsökologie. Systematische und historische Aspekte,* Münster: Lit 1998

Engl, Joachim; Thurmaier, Franz: *Wie redest du mit mir?,* Freiburg: Herder 2006

Ferruci, Piero: *Unermesslicher Reichtum. Wege zum spirituellen Erwachen,* Reinbek: rororo 1994

Findhorn Community (Hrsg.): *The Findhorn Garden. Pioneering a New Vision of Humanity and Nature in Cooperation*. Scotland: Findhorn Press 1988 (1. Aufl. 1975)

Fischer, Theo: *Lass dich vom Tao leben. Wu Wei in der Praxis,* Reinbek: rororo 2002 (a)

Fischer, Theo: *Wu Wei. Die Lebenskunst des Tao,* Reinbek: rororo 2002 (b)

Flensburger Hefte: *Was die Naturgeister uns sagen*, Nr. 79, Rendsburg: 2. Aufl. 2003

Forsythe, Kathleen: *Cathedrals of the Heart: Generating a Caring Economy*. Vortrag, 1. Weltkongress für systemisches Management, Wien 2001. Kassetten-Mitschnitt, Mülheim/Auditorium Netzwerk

Fromm, Barbara; Fromm, Michael: *Führen aus der Mitte,* Bielefeld: Kamphausen 2004

Galuska, Joachim (Hrsg.): *Pioniere für einen neuen Geist in Beruf und Business*, Bielefeld: Kamphausen 2004

Gamper, Karl: *So schön kann Wirtschaft sein. Der Aufbruch der kulturell Kreativen,* Bielefeld: Kamphausen 2005

Gandhi, Mahatma: *A Life revisited,* New Delhi: Interprint 1994

Geißler, Karlheinz A.; Held, Martin (Hrsg.): *Von Rhythmen und Eigenzeiten. Perspektiven einer Ökologie der Zeit,* Stuttgart: Wissenschaftliche Verlagsgesellschaft 1995

Gray, John: *Männer sind anders, Frauen auch. Männer sind vom Mars. Frauen von der Venus,* München: Goldmann 1998

Hammond, Sue Annis: *The Thin Book of Appreciative Inquiry,* 2nd edition. Plano/Texas: Thin Books (o.J.)

Hartkemeyer, Johannes F.; Hartkemeyer, Martina: *Die Kunst des Dialogs – Kreative Kommunikation entdecken. Erfahrungen – Anregungen – Übungen,* Stuttgart: Klett-Cotta 2005

Hawley, Jack: *Reawakening the Spirit in Work,* San Francisco: Berrett-Koehler 1993

Hüther, Gerald: *Die Evolution der Liebe,* Göttingen: Vandenhoeck & Ruprecht 1999

Hüther, Gerald: *Die Macht der inneren Bilder. Wie Visionen das Gehirn, den Menschen und die Welt verändern,* Göttingen: Vandenhoeck & Ruprecht 2006

Ingensiep, Hans-Werner: *Pflanzenseele, Tierseele und Naturverständnis,* Habilitation Universität Essen 1995

Insight Guides: *Sri Lanka*, London: APA Publications (1992) updated and reprinted 2004

Institute of Sathya Sai Education: *Towards Human Excellence Book 1: An Insight into Sathya Sai Education*, Mumbai 2000

Jäger, Willigis: *Suche nach dem Sinn des Lebens. Bewußtseinswandel auf dem Weg nach innen,* Petersberg: Via Nova 1999

Jäger, Willigis: *Die Welle ist das Meer. Mystische Spiritualität,* Freiburg: Herder 2000

Jahrbuch Ökologie, hrsg. v. Udo E. Simonis et al. München: Beck 1992 ff.

Kaiser, Anette: *Jenseits aller Pfade. Visionen einer neuen Spiritualität,* Berlin: Theseus 2004

Kingston, Karen: *Feng Shui gegen das Gerümpel des Alltags,* Reinbek: Rowohlt 2001

Kingston, Karen: *Heilige Orte erschaffen mit Feng Shui. Ein Anleitungsbuch,* München: Ullstein Heyne List 2002

Kofman, Fred: *Meta-Management. Der neue Weg zu einer effektiven Führung,* Bielefeld: Kamphausen 2005

Kohtes, Paul: *Dein Job ist es, frei zu sein. Zen und die Kunst des Managements,* Bielefeld: Kamphausen 2005

Krystal, Phyllis: *Die inneren Fesseln sprengen. Befreiung von falschen Sicherheiten,* München: Ryvellus 1995

Kuby, Clemens: *Unterwegs in die nächste Dimension. Meine Reise zu Heilern und Schamanen,* München: Kösel 2003

Kuby, Clemens: »Heilung aus dem Nichts?«, in: Quarch, Christoph; Kothes, Paul J. (Hrsg.): *Die eigene Tiefe erspüren. Leben aus der Kraft von Spiritualität, Kreativität und Kunst,* Bielefeld: Kamphausen 2005

Kübler-Ross, Elisabeth: *Über den Tod und das Leben danach,* Neuwied: Silberschnur 2002

Küng, Hans: *Projekt Weltethos,* München: Piper 1999

Kugler, Sascha: *Das Alchimedus-Prinzip. Die ganzheitliche Unternehmensstrategie,* Zürich: Orell Füssli 2005

Langer, Katja: *Schulen als Stadtteilzentren – Projektbeispiele der Gesamtschule Holsterhausen,* 2006 Quelle: http://www.stadtteilarbeit.de/seiten/projekte/essen/gs-holsterhausen.htm

Langer, Katja; Backer, Marco (Hrsg.): *Kinder von Kulturen. Kinder im Emschergebiet,* Essen: Klartext 2005

Leinemann, Jürgen: *Höhenrausch. Die wirklichkeitsleere Welt der Politiker,* München: Blessing 2004

Leutz, Grete: *Psychodrama. Das klassische Psychodrama nach J.L. Moreno*, Berlin: Springer 1986

Maharshi, Ramana: *Sei, was du bist!* München: Barth 1998 (Originalausgabe 1983)

Maslow, Abraham H.: *Motivation und Persönlichkeit,* Reinbek: Rowohlt 2002 (Originalausgabe 1954)

Mayer-Tasch, Peter: *Strom des Lebens. Elektro- und Magnetosmog im Kreuzfeuer,* Frankfurt a.M.: Fischer 1994

McLean, Dorothy: *Du kannst mit Engeln sprechen,* Grafing: Aquamarin Verlag 2005 (veränderte Neuaufl.)

Mediaperspektiven Basisdaten. Daten zur Mediensituation in Deutschland. Frankfurt a.M.: ARD (jährlich)

Merz, Blanche: *Orte der Kraft. Stätten höchster kosmo-terrestrischer Energie,* Aarau/CH: AT Verlag (1984) 2. Aufl. 1999

Mettler-v.Meibom, Barbara: *Wertschätzung. Wege zum Frieden mit der inneren und äußeren Natur,* München: Kösel 2006 (a)

Mettler-v.Meibom, Barbara: »Wert finden, Wert schätzen, Wert schöpfen«, in: Kothes, Paul; Wielens, Hans: *Raus aus der Führungskrise. Innovative Konzepte integraler Führung,* Bielefeld: Kamphausen 2006 (b)

Mettler-v.Meibom, Barbara: »Spirituelle Orte im Alltag«, in: Quarch, Christoph; Kothes, Paul J. (Hrsg.): *Die eigene Tiefe erspüren. Leben aus der Kraft von Spiritualität, Kreativität und Kunst,* Bielefeld: J. Kamphausen, 2005 (a)

Mettler-v.Meibom, Barbara: »Kommunikation zwischen Männern und Frauen«, in: *Schule im Gender Mainstream,* hrsg. vom Ministerium für Schule, Jugend und Kinder des Landes Nordrhein-Westfalen und vom Landesinstitut für Schule, Soest 2005 (b)

Mettler-v.Meibom, Barbara: »Wider die Resignation in Politik und Wirtschaft oder: Die Kraft des Dialogs«, in: Egner, Helga (Hrsg.): *Das Schöpferische. Von der Überwindung der Resignation,* Düsseldorf/Zürich: Walter 2002

Mettler-v.Meibom, Barbara: *Schau-Spiel als Weg,* Petersberg: Via Nova 2001

Mettler-v.Meibom, Barbara: *Die kommunikative Kraft der Liebe,* Petersberg: Via Nova 2000

Mettler-v.Meibom, Barbara: »Spiel – Unterhaltung – Sucht. Die Frage nach den Grenzüberschreitungen«, in: *Aus Politik und Zeitgeschichte*, B 19-20/1997 (a), 34-46.

Mettler-v.Meibom, Barbara: »Der Weg durch die Überfülle: außen- oder innengeleitet? Überlegungen zu einem heilsameren Umgang mit Informationen und Nahrung«, in: *aid Special,* hrsg. vom Auswertungs- und Informationsdienst für Ernährung, Landwirtschaft und Forsten (aid) e. V. 3412/1997 (b), 25-29.

Mettler-v.Meibom, Barbara (Hrsg.): *Einsamkeit in der Mediengesellschaft,* Münster: Lit 1996

Mettler-v.Meibom, Barbara: »Handlungsstrategien von Müttern

bei ausuferndem Medienangebot oder: ›Jetzt muß man immer diskutieren, wie und warum nicht‹« (unter Mitwirkung von Monika Pater und Anja Kolshofer), in: *Arbeits- und Orientierungshilfen für Familienbildung,* hrsg. vom Ministerium für Arbeit, Gesundheit und Soziales des Landes Nordrhein-Westfalen 1995

Mettler-v.Meibom, Barbara: *Kommunikation in der Mediengesellschaft. Tendenzen – Gefährdungen – Orientierungen,* Berlin: edition sigma 1994

Mettler-v.Meibom, Barbara; Steger, Ulrich (Hrsg.): *Elitenkooperation in der Region,* Essen: Klartext 2001

Mettler-v.Meibom, Barbara; Bauhardt, Christine (Hrsg.): *Nahe Ferne – fremde Nähe. Infrastrukturen und Alltag,* Berlin: edition sigma 1993

Mittwede, Martin: *Spirituelles Wörterbuch Sanskrit – Deutsch,* Bonn: Sathya Sai Vereinigung 1992

Möbius, Dr. P.J. *Über den physiologischen Schwachsinn des Weibes,* München: Matthes & Seitz 1977 (1. Auflage 1903)

Müri, Peter: *Dreidimensional führen mit Verstand, Gefühl und Intuition. Handbuch des Modernen Managements.* Band 1: Grundlagen. Thun/Schweiz: Ott Verlag 1990

Naess, Arne: »The Shallow and the Deep – Begründung der Tiefenökologie«, in: *Jahrbuch Ökologie 1997,* München: Beck 1996

Neumann, Erich: *Tiefenpsychologie und neue Ethik,* Frankfurt a.M.: Fischer 1987

Nowak, André: *Wertschätzende Kommunikation in Change Management Prozessen. Magisterarbeit,* Universität Essen 2004 (Publikation in Vorbereitung bei VDM)

Oppelt, Siglinda: *Management für die Zukunft. Spirit in Business: Anders denken und führen,* München: Kösel 2004

Osterhammel, Bernd: *Pferdeflüstern für Manager. Mitarbeiterführung tierisch einfach,* Weinheim: Wiley-VCH 2006

Pease, Allan; Pease, Barbara: *Warum Männer nicht zuhören und Frauen schlecht einparken. Ganz natürliche Erklärungen für eigentlich unerklärliche Schwächen,* München: Ullstein 2000

Pogacnik, Marko: *Die Tochter der Erde. Die Wiedergeburt des göttlichen Weiblichen,* Aarau/Schweiz: AT Verlag 2002

Pogacnik, Marko: *Elementarwesen. Die Gefühlsebene der Erde,* München: Knaur, 2000 (a)

Pogacnik, Marko: *Brasilien. Ein Pfad zum Paradies*, Bremen: ecorna 2000 (b)

Pogacnik, Marko: *Schule der Geomantie,* München: Knaur 1996

Pogacnik, Marko: *Die Erde heilen. Das Modell Türnich,* Kreuzlingen: Diederichs 1989

Poidevin, Raymond: *Robert Schuman. Homme d'État 1886-1963*, Paris: o.V. 1986

Pusch, L.: *Das Deutsch als Männersprache. Aufsätze und Glossen zur feministischen Linguistik*, Frankfurt a.M.: Suhrkamp 1984

Quarch, Christoph; Kohtes, Paul J.: *Die eigene Tiefe erspüren. Leben aus der Kraft von Spiritualität, Kreativität und Kunst,* Bielefeld: Kamphausen 2005

Radhakrishnan, Sarvepalli: *Mahatma Gandhi. Reflections on His Life and Work,* Bombay: Jaico Publishing House 1995

Raphael: *Tat Tvam Asi. Das bist du,* Bielefeld: Kamphausen 2000

Real, Terrence: *Was kann ich tun, dass du mich hörst? Wie Männer und Frauen sich wieder nahe kommen,* München: Scherz 2002

Riedel, Ingrid: *Beseelte Orte,* Stuttgart: Kreuz 2001

Richter, Horst E.: *Der Gotteskomplex. Die Geburt und die Krise des Glaubens an die Allmacht des Menschen,* Reinbek: Rowohlt 1979

Rosenberg, Marshall B.: *Gewaltfreie Kommunikation. Aufrichtig und einfühlsam miteinander sprechen. Neue Wege in der Mediation und im Umgang mit Konflikten,* Paderborn: Junfermann 2001

Rubin, Harriet: *Machiavelli für Frauen. Strategie und Taktik im Kampf der Geschlechter,* Frankfurt a.M.: Fischer 2000

Sathya Sai Baba: *Entdecke die Quelle der Glückseligkeit: Aussagen zur Einführung in seine Lehre und deren Vertiefung,* Dietzenbach: Sathya-Sai-Vereinigung 1996

Schmidt-Bleek, Friedrich (Hrsg.): *Der ökologische Rucksack. Wirtschaft für eine Zukunft mit Zukunft,* Stuttgart: Hirzel 2004

Schumacher, Ernst F.: *Die Rückkehr zum menschlichen Maß. Small is beautiful. Alternativen für Wirtschaft und Technik,* Reinbek: Rowohlt 1977

Schuppener, Nina: *Die Sprache der Unterwerfung. Funktion, Ursache und Bedeutung weiblicher und männlicher Kommunikationsstile,* Wiesbaden: Deutscher Universitäts-Verlag 2002

Schwan, Gesine: *Vertrauen. Für eine Philosophie der Politik* (CD), Suppose Verlag 2006

Schwan, Gesine: »Politik und Vertrauen«. Vortrag »Bonner Dialog«, Friedrich Ebert Stiftung, 2004

Sprenger, Reinhard: *Vertrauen führt. Worauf es im Unternehmen wirklich ankommt,* Frankfurt a.M.: Campus 2005

Stöcklin-Meier, Susanne: *Was im Leben wirklich zählt. Mit Kindern Werte entdecken,* München: Kösel 2003

Tannen, Deborah: *Andere Worte, andere Welten. Kommunikation zwischen Männern und Frauen,* München: Goldmann 1999

The Cultural Triangle of Sri Lanka, Paris/Colombo: Unesco Publishing/CCF 1993

Too, Lillian: *Das große Buch Feng Shui*, Köln: Könnemann 2000

Trömel-Plötz, Senta (Hrsg.): *Die Vergewaltigung von Frauen in Gesprächen*, Frankfurt a.M.: Fischer 1984

Unger, Hans-Peter; Kleinschmidt, Carola: *Bevor der Job krank macht. Wie uns die heutige Welt in die seelische Erschöpfung treibt – und was man dagegen tun kann,* München: Kösel 2006

Verma, Vinod: *Das ganzheitliche Gesundheitssystem Ayurveda – Der Weg des gesunden Lebens,* Bern: Scherz 1992

Vivekananda: *Vedanta: Der Ozean der Weisheit*, München: O.W. Barth, 4. Aufl. 1993 (Originalausgabe 1986)

Wielens, Hans; Kothes, Paul: *Raus aus der Führungskrise,* Bielefeld: Kamphausen 2006

Information und Kontakt

Prof. Dr. Barbara Mettler-v.Meibom, geb. 1947, ist Leiterin des Consultingbüros »Communio – Kommunikations- und Kooperationsberatung« in Essen. Sie ist Psychosynthesetherapeutin und Coach sowie Professorin für Politikwissenschaft an der Universität Duisburg-Essen. Nähere Informationen über ihre Arbeit (Vorträge, Seminare, Workshops, Organisationsentwicklung und Coaching) finden Sie unter:

Communio – Kommunikations- und Kooperationsberatung
Prof. Dr. Barbara Mettler-v.Meibom
Grafenstraße 50
45239 Essen
info@communio-essen.de
www.communio-essen.de

Bildnachweis

S. 40: Fotografin: Elke Wetzig, Lizenz: creative commons share alike
S. 102: © dm drogeriemarkt
S. 107 und 108: Illustration Rainer Bohn; Cover der gleichnamigen Bücher von B. Mettler-v.Meibom
S. 117: © WDR
S. 134: © BOOMTOWN MEDIA (www.rhythmisit.de)
S. 193: Fotografin Agnieszka Komoch, Edgar Lieser u.a.
Alle übrigen Bilder von privat.

Autorin und Verlag danken für die Genehmigung zum Abdruck.

Clemens Kuby
Unterwegs in die nächste Dimension
Meine Reise zu Heilern und Schamanen

CLEMENS
KUBY
HEILUNG
DAS WUNDER
IN UNS
Selbstheilungsprozesse entdecken
VOM AUTOR DES BESTSELLERS
"UNTERWEGS IN DIE NÄCHSTE DIMENSION"